Der Bodensee

Klaus Zintz, Herbert Löffler und Heinz Gerd Schröder

Der Bodensee

Ein Naturraum im Wandel

 THORBECKE

Dieses Buch wurde gedruckt mit freundlicher Unterstützung von

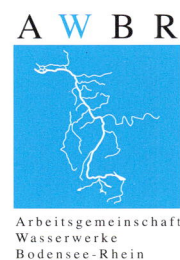

Für die Schwabenverlag AG ist Nachhaltigkeit ein wichtiger Maßstab ihres Handelns. Wir achten daher auf den Einsatz umweltschonender Ressourcen und Materialien. Dieses Buch wurde auf FSC-zertifiziertem Papier gedruckt. FSC (Forest Stewardship Council) ist eine nicht staatliche, gemeinnützige Organisation, die sich für eine ökologische und sozial verantwortliche Nutzung der Wälder unserer Erde einsetzt.

Bibliografische Information der Deutschen Nationalbibliothek
Die Deutsche Nationalbibliothek verzeichnet diese Publikation in der Deutschen Nationalbibliografie; detaillierte bibliografische Daten sind im Internet über http://dnb.d-nb.de abrufbar.

© 2009 by Jan Thorbecke Verlag der Schwabenverlag AG, Ostfildern
www.thorbecke.de • info@thorbecke.de

Gestaltung: Finken & Bumiller, Stuttgart
Gesamtherstellung: Jan Thorbecke Verlag, Ostfildern
Hergestellt in Deutschland
ISBN: 978-3-7995-0838-4

INHALT

~ ~

Zum Geleit:
Der Bodensee liegt uns am Herzen

Der Bodensee hat nicht nur für die Menschen, die in der Region leben, eine große Bedeutung. Täglich beziehen auch viele Menschen außerhalb des unmittelbaren Einzugsgebiets ihr Trinkwasser aus dem See – insgesamt sind es vier bis fünf Millionen Einwohner. Und jährlich kommen mehr als sechs Millionen Touristen und eine noch weit höhere Zahl an Tagesausflüglern an den See, um sich zu erholen und die wunderschöne Landschaft zu genießen.

Es waren und sind vor allem die Menschen, die seit einigen Jahrzehnten den See durch ihre vielfältigen und wachsenden Nutzungsansprüche erheblichen Belastungen aussetzen. Insbesondere die Abwässer sowie die Auswirkungen moderner landwirtschaftlicher Bewirtschaftungsmethoden haben seit Mitte des letzten Jahrhunderts das labile Gleichgewicht des Sees ernsthaft gefährdet. Die Auswirkungen der »Überdüngung« des Sees zeigten sich vor allem in den 1970er und 80er Jahren durch wuchernde Algenteppiche, einen alarmierenden Rückgang der Artenvielfalt und die Gefahr des völligen Sauerstoffschwundes in der Tiefe des Sees.

Diese dem See drohenden Gefahren wurden aber rechtzeitig erkannt – und hier beginnt die Erfolgsgeschichte einer ebenso wirkungsvollen wie beispielhaften internationalen Zusammenarbeit. Aus der Erkenntnis heraus, dass nur gemeinsames Handeln über alle Grenzen hinweg die nachhaltige Genesung des Sees sicherstellen kann, gründeten die Anrainerstaaten Deutschland, Österreich und die Schweiz mit den Ländern Baden-Württemberg, Bayern und Vorarlberg sowie den beiden Kantonen St. Gallen und Thurgau im Jahr 1959 die Internationale Gewässerschutzkommission für den Bodensee (IGKB). Und da es offensichtlich ist, dass für den Schutz des Sees das gesamte Wassereinzugsgebiet mit einbezogen werden muss, gehört heute auch der Kanton Graubünden der IGKB an, außerdem arbeitet das Fürstentum Liechtenstein eng mit der Kommission zusammen. Die IGKB legt Strategien und Maßnahmen für eine Gesundung des Sees fest, erarbeitet wissenschaftliche Grundlagen und empfiehlt den beteiligten Ländern und Kantonen nachdrücklich die Umsetzung ihrer Vorschläge. Dabei kooperiert sie mit

einer ganzen Reihe von weiteren Gremien und Organisationen, die sich für den Schutz des Sees einsetzen.

Diese Vorgehensweise ist erfolgreich; die Regierungen haben die empfohlenen Maßnahmen zur Reinhaltung des Sees in den vergangenen Jahrzehnten konsequent umgesetzt. So kann heute mit Freude und Erleichterung festgestellt werden, dass sich der enge Schulterschluss aller Verantwortlichen und der enorme finanzielle Aufwand gelohnt haben: Der Bodensee ist weitgehend genesen. Nun gilt es, den heutigen sehr guten Zustand des Sees zu erhalten, weiter zu verbessern, neue Gefahren zu erkennen und ihnen entgegenzuwirken und so seine ökologische Stabilität auch für künftige Generationen zu sichern.

Um dieses Ziel zu erreichen, bedarf es auch weiterhin erheblicher Anstrengungen und einer engen Zusammenarbeit aller Beteiligten.

Alle Maßnahmen zum Schutz des Sees können auf Dauer aber nur erfolgreich sein, wenn die Menschen sie mittragen. Voraussetzung dafür ist das Verständnis der Zusammenhänge. Das vorliegende Buch will aus Anlass des 50-jährigen Bestehens der Internationalen Gewässerschutzkommission dazu beitragen, die Geschichte des Sees, seine Erforschung, sein Ökosystem, sein seeinternes Leben, seinen Wandel im Laufe der Zeit sowie die Folgen der Nutzungen und die sich abzeichnenden Herausforderungen für die Zukunft besser zu verstehen.

Blick vom Pfänder über den Bodensee; links ist deutlich die Rheinmündung zu sehen.

Sauberer See:
der Lohn der internationalen Zusammenarbeit

Blick vom Ostende des Bodensees bei Lindau gen Westen.

Es ist immer dasselbe Bild: Wenn japanische oder chinesische Delegationen mit Wasserexperten an den Bodensee kommen, kann ihr fernöstlich-freundliches Lächeln ihre Zweifel nicht überdecken. Ein so großer und dicht besiedelter See soll sauber genug sein, um sein Wasser ohne Weiteres trinken zu können? Das ist in Japan und noch mehr in China bislang undenkbar. Auch wenn beispielsweise am ähnlich großen, aber deutlich flacheren japanischen Biwa-See

nordöstlich der Millionenstadt Osaka in den vergangenen Jahren ebenfalls enorme Anstrengungen zur Verbesserung der Wasserqualität unternommen wurden, so war doch der Erfolg bisher lange nicht so durchschlagend wie am Bodensee. Dessen Wasser unterschreitet die physikalisch-chemischen Grenzwerte der Trinkwasserverordnung jedenfalls problemlos. Die Aufbereitung des Rohwassers zu Trinkwasser beschränkt sich auf die sichere Abtötung von Krankheitserregern und die weitestgehende Entfernung unerwünschter Teilchen, etwa von Planktonresten oder von Sedimentpartikeln, die bei Hochwasserereignissen eingeschwemmt wurden.

Die von ausländischen Delegationen oft als »Wunder« empfundene hervorragende Wasserqualität des Sees kam allerdings nicht von selbst. Sie ist vielmehr der Lohn jahrzehntelanger Bemühungen und mehr als vier Milliarden Euro teurer Investitionen. Daran mitgearbeitet haben alle Anrainerländer und -kantone sowie das im Einzugsgebiet gelegene Fürstentum Liechtenstein und der Kanton Graubünden. Vor allem die

IGKB, die Internationale Gewässerschutzkommission für den Bodensee, aber auch die AWBR, die Arbeitsgemeinschaft der Wasserwerke Bodensee Rhein (siehe S. 114), haben einen erheblichen Anteil daran, dass der See heute wieder auf dem besten Wege zu einem natürlichen Zustand ist. Darüber hinaus gibt es noch eine Reihe weiterer internationaler Kommissionen, die sich mit verschiedenen Schwerpunkten für das Wohl des Sees einsetzen.

Rückblende: Mitte des vergangenen Jahrhunderts schlugen die Seenforscher Alarm. Sie stellten fest, dass immer mehr Nährstoffe in den Bodensee gelangten. Vor allem ungereinigte Abwässer sorgten in den 1950er und 1960er Jahren für eine zunehmende Belastung des Sees und insbesondere auch seiner Ufer. Bei manchen Wetterlagen sammelten sich die menschlichen Hinterlassenschaften am Strand – ein weder für das Auge noch für die Nase angenehmes Erlebnis. Damals ersetzten nämlich zunehmend bequeme Wassertoiletten die alten Plumpsklos, gleichzeitig fehlten noch weitgehend Kläranlagen. Darüber hinaus traten die Waschmaschinen ihren Siegeszug an – und mit den Waschmitteln gelangten auch große Mengen an Phosphaten über die Zuflüsse in den See. Auch in der Landwirtschaft wurde immer mehr gedüngt und die Tierhaltung intensiviert, weshalb zunehmend nährstoffreiche Gülle anfiel, die auf die Felder aufgebracht wurde und von dort oft genug in die Fließgewässer gelangte und damit letztlich in den See

Hohe Nährstoffgehalte sorgten in der zweiten Hälfte des 20. Jahrhunderts für üppiges Pflanzenwachstum im Bodensee.

geschwemmt wurde. Hier sammelten sich die Nährstoffe, allen voran Phosphorverbindungen. Der See begann zu eutrophieren, wie die Seenkundler diese Nährstoffanreicherung nennen.

So konnte es nicht weitergehen, das war bald klar. Im Jahr 1959 wurde daher in St. Gallen die Internationale Gewässerschutzkommission für den Bodensee gegründet. Ihre Hauptaufgabe war und ist der Schutz des Sees. Und dazu gehörte nach der Gründung zunächst vor allem die Abwasserreinigung im gesamten Einzugsgebiet des Sees. So sollte trotz des Bevölkerungswachstums die stetig zunehmende Menge der in den See fließenden Nährstoffe eingedämmt werden. Am 10. November 1961 trat das »Übereinkommen zum Schutz des Sees gegen Verunreinigung« in Kraft. Bis heute

STUTTGARTER ZEITUNG

Mittwoch, 11. November 1959

Seite 16 / Nummer 261

Zum Schutze des Bodensees
Eine internationale Gewässerschutz-Konvention wird ausgearbeitet

Stuttgart (lsw). Rasche Maßnahmen gegen die drohende V e r s c h m u t z u n g des B o d e n s e e - w a s s e r s hat die von den Anliegerstaaten gebildete Internationale Gewässerschutzkommission bei ihrer konstituierenden Sitzung in St. Gallen beschlossen. Wie das baden-württembergische Innenministerium am Dienstag mitgeteilt hat, soll nach den Beschlüssen der Kommission von Sachverständigen der drei Bodensee-Anliegerstaaten Deutschland, Oesterreich und der Schweiz unverzüglich eine G e w ä s s e r - s c h u t z - K o n v e n t i o n ausgearbeitet werden, welche bindende Richtlinien zur Reinhaltung des Bodenseewassers enthält. Experten sollen außerdem Herkunft, Art und Behandlung der verschmutzenden Substanzen erforschen und Sanierungsmaßnahmen vorschlagen. Mit dem Ergebnis dieser Untersuchungen wird sich die Kommission in einer weiteren Sitzung im Mai 1960 befassen.

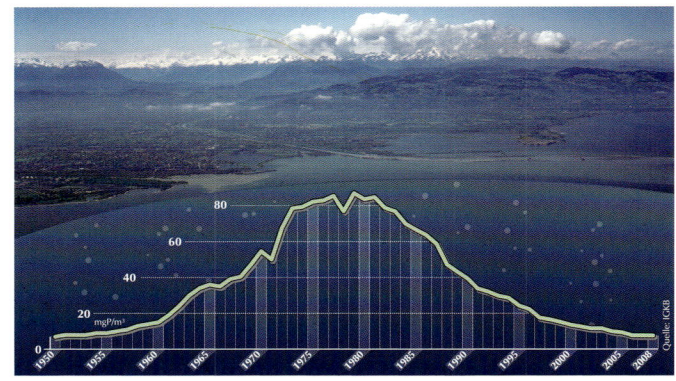

bildet es die völkerrechtliche Grundlage für die gemeinsam von den Anrainerstaaten beschlossenen Schutzmaßnahmen.

Wichtigster Gradmesser für den Zustand des Sees ist der Phosphorgehalt (siehe S. 60). Trotz aller Bemühungen nahm die Konzentration dieses Nährstoffes zunächst immer weiter zu – so lange, bis im Jahr 1979 der Maximalwert von 87 Milligramm Gesamtphosphor je 1000 Liter Wasser erreicht wurde. Erst danach zeigte sich der Erfolg der Maßnahmen zur Abwasserreinigung und die Phosphorkonzentration im See ging wieder zurück. Unterstützt wurde dieser Rückgang durch die Verordnung, den Phosphor in Waschmitteln zu begrenzen (Phosphathöchstmengenverordnung

1980 in Deutschland und ebenso in Österreich sowie Phosphatverbot in der Schweiz 1986).

Seit etwa 2005 nähert sich der Gesamtphosphorwert wieder den vor der Eutrophierung gemessenen Konzentrationen an: Von 2005 bis 2008 lag er nahezu unverändert bei 8 Milligramm pro Kubikmeter. Die umfangreichen Reinhaltemaßnahmen gab es indes nicht umsonst: Gesamtinvestitionen von mehr als vier Milliarden Euro waren nötig, um den See wieder in den ursprünglichen guten Zustand zurückzuführen.

Der seit Anfang der 80er Jahre wieder abnehmende Nährstoffgehalt wirkte sich alsbald auf die Lebensgemeinschaften im See aus und hier vor allem auf das im freien Wasser lebende Plankton sowie die im Sediment lebenden Organismen. Seit Mitte der 80er Jahre beobachten die Seenfachleute eine Verschiebung in der Artenzusammensetzung der Algen. Da die »fetten« Jahre vorbei sind, kommen nun wieder verstärkt Arten zum Zuge, die noch mit vergleichsweise geringen Phosphatmengen auskommen. Und auch im Seeboden zeichnet sich nun endlich der lang erwartete Wandel ab: Bei 1999 durchgeführten Sediment-Untersuchungen wurde erstmals wieder eine mengenmäßige Abnahme der hier lebenden Schlammröhrenwürmer festgestellt sowie eine Verschiebung hin zu Arten, die mit weniger Nährstoffen auskommen. Die Experten werten dies als eindeutige Hinweise, dass auch der Nährstoffgehalt des Sediments langsam abnimmt.

Doch auch wenn sich der Erfolg der jahrzehntelangen Reinhaltemaßnahmen deutlich zeigt, bedeutet dies noch lange nicht, dass man die Hände in den Schoß legen kann. Vielmehr gilt es, auch angesichts der weiter zunehmenden Belastung durch eine immer intensivere Nutzung des Bodenseegebiets den erreichten hohen Qualitätsstandard zu halten. So stellt unter anderem der Eintrag von Spurenstoffen eine weitere Herausforderung dar, der sich die Seenforscher stellen müssen – und zwar nicht wegen einer akut drohenden Gefahr, sondern aus Vorsorgegründen (siehe S. 123). Noch ist nicht vollständig erforscht, wie selbst geringe Spuren an Herbiziden, Arzneimittelrückständen und Umwelthormonen in das Ökosystem eingreifen.

Dank der intensiven Reinhaltemaßnahmen kann der See seine Funktion als Trinkwasserspeicher für rund 4,5 Millionen Menschen und gleichzeitig als attraktives Erholungsgebiet voll erfüllen. Damit wird der Bodensee zu einem bemerkenswerten internationalen Beispiel, wie sich ein großer und intensiv genutzter See durch entsprechendes Handeln erfolgreich »managen« lässt. Das Wissen, wie man die Probleme am besten anpacken und lösen kann, geben die verantwortlichen Wissenschaftler, Forschungsorganisationen und Behörden seit Jahren an andere Länder weiter. So wurde beispielsweise auf der Weltausstellung im Jahr 2008 im spanischen Saragossa über die »Gefährdung und Rettung des Bodensees« mit ansprechenden Videopräsentationen informiert.

Auch Umweltschutzorganisationen machen seit Jahren die am Bodensee gewonnenen Erkenntnisse in aller Welt bekannt. So erweitert die 1998 am Bodensee ins Leben gerufene Stiftung »Living Lakes« stetig ihr globales Seennetzwerk. In diesem Netzwerk wird vor allem der Erfahrungsaustausch mit Nichtregierungsorganisationen, Wissenschaftlern und Behörden gepflegt, die sich in den betreffenden Ländern den Schutz und die Pflege ihrer Seen auf die Fahnen geschrieben haben. In jüngster Zeit hat sich die Stiftung insbesondere um die neuen Mitgliedsstaaten der Europäischen Union und ihre Seen gekümmert – im Rahmen eines osteuropäischen Seennetzwerkes, das unter anderem von der EU gefördert wurde.

So ist der Bodensee durch seine Leistungen bei der Wasserreinhaltung in den vergangenen Jahrzehnten zu einem weltweiten Vorbild geworden. Aber auf diesen Lorbeeren kann sich niemand ausruhen – zu groß sind die Herausfor-

Der Ausbau der Verkehrswege hat an vielen Stellen zu massiven Befestigungen der Ufer geführt.

derungen, die in den kommenden Jahrzehnten zu meistern sind. Dazu zählt vor allem die Revitalisierung weiter Uferabschnitte, die durch Mauern und Beton in ihrer natürlichen Funktionsfähigkeit stark beeinträchtigt sind. Diese Aufgabe wurde mittlerweile in Angriff genommen: So hat die IGKB ein umfangreiches Aktionsprogramm zur Revitalisierung verbauter Ufer ins Leben gerufen (siehe S. 126). Doch es ist ein langer und teurer Weg, »Betonufer« wieder naturverträglich zu gestalten. Auch hier könnte der Bodensee eines Tages weltweit als positives Beispiel gelten.

Im Hinblick auf die Auswirkungen der Klimaerwärmung spielt die Sanierung des Sees eine zentrale Rolle. Wenn nämlich die warmen Winterhalbjahre zunehmen, erwärmt sich das Wasser immer stärker und öfter früher im Jahr. Dieser Trend zeichnet sich schon jetzt ab. Ein vergleichsweise warmer Winter erzeugt zu wenig kaltes und damit schweres Wasser, das in die Seetiefe absinken kann. Die Analysen der Seedaten der vergangenen Jahrzehnte zeigten deutlich, dass die Erneuerung des Tiefenwassers – und damit auch die Anreicherung der unteren Wasserschichten mit Sauerstoff – vor allem durch den Grad der Auskühlung des Sees im Winter bestimmt ist. Nach dem für die Sauerstoffversorgung des Sees vorteilhaften kalten Winter 2005/2006 hatte der See in den kommenden Jahren nicht mehr vollständig zirkuliert. Dennoch war der Sauerstoffgehalt im Frühjahr 2007 nach dem Ende der üblichen Frühjahrszirkulation selbst über Grund noch bei knapp 8 Milligramm pro Liter.

Früher, als der See noch weitaus mehr Nährstoffe enthielt als heute, wäre nach einer Reihe von Winterhalbjahren mit unvollständiger Zirkulation der Sauerstoffgehalt über Grund gefährlich weit abgefallen. Denn im nährstoffreichen See sinken vergleichsweise viele abgestorbene Lebewesen ins Tiefenwasser, wo sie unter Sauerstoffverbrauch von Mikroorganismen abgebaut werden. Weil der See aber wieder nährstoffärmer geworden ist, gibt es weniger organisches Material, das abgebaut werden muss. So ist die Gefahr einer Sauerstoffverarmung im Tiefenwasser zwar nicht gebannt, aber doch stark verringert. Damit ist die Schlussfolgerung nicht von der Hand zu weisen, dass der See durch die intensiven Reinhaltemaßnahmen der vergangenen Jahrzehnte auch »fit« für die Herausforderungen des Klimawandels gemacht worden ist.

IGKB: die Internationale Gewässerschutzkommission für den Bodensee

Völkerrechtlich gesehen ist der Bodensee ein Kuriosum: Die Seefläche ist die einzige Gegend in Europa, in der die Grenzen zwischen den Anrainerländern und -kantonen nie festgelegt wurden. Umso wichtiger für den Schutz des Sees ist, dass die Anrainerstaaten gut zusammenarbeiten – und das tun sie auch. Wobei die IGKB, die Internationale Gewässerschutzkommission für den Bodensee, zweifellos der wichtigste Schutzpatron des Sees ist. Die vordringlichste Aufgabe der 1959 gegründeten Kommission ist es, die Entwicklung des Bodensees zu dokumentieren und Belastungen festzustellen. Und von dieser Ermittlung des Ist-Zustandes hängen einerseits alle zu treffenden künftigen Schutzmaßnahmen ab, wobei die IGKB detaillierte Empfehlungen an die Mitgliedsstaaten herausgibt. Andererseits lässt sich nur durch regelmäßige Messungen und Untersuchungen überprüfen, wie wirksam die bisher getroffenen Maßnahmen waren – und auch an dieser Aufgabe ist die IGKB entscheidend beteiligt. Mitglieder der IGKB sind:

- das Land Baden-Württemberg,
- der Freistaat Bayern,
- die Republik Österreich mit dem Bundesland Vorarlberg,
- die Schweizerische Eidgenossenschaft mit den Kantonen Thurgau, St. Gallen und Graubünden.

In den Halbkantonen Appenzell Ausser- und Innerrhoden werden die Gewässerschutzmaßnahmen der IGKB mitgetragen; das Fürstentum Liechtenstein entsendet einen Vertreter in die Kommission.

Kommissionen am Bodensee

Kommissionen zum Schutz, zur Nutzung und zur Entwicklung des Bodensees sowie seines Einzugsgebiets:

IGKB: Die Internationale Gewässerschutzkommission für den Bodensee überwacht den Zustand des Sees, wobei der gesamtheitliche Gewässerschutz das Ziel ist.

IBKF: Die bereits 1893 gegründete Internationale Bevollmächtigtenkonferenz für die Bodenseefischerei regelt Fragen der fischereilichen Bewirtschaftung des Sees.

IBK: Die Internationale Bodenseekonferenz ist seit ihrer Gründung im Jahr 1972 die regelmäßige Konferenz der Regierungschefs der Anliegerländer; Themen sind Umwelt, Bildung, Wissenschaft, Kultur, Verkehr, Wirtschaft, Gesundheit und Öffentlichkeitsarbeit.

ISKB: Die 1973 ins Leben gerufene Internationale Schifffahrtkommission für den Bodensee kümmert sich um Erlass und Durchführung einheitlicher Vorschriften für die Schifffahrt.

IRR: Die Internationale Rheinregulierung, die schon 1892 von Österreich und der Schweiz gegründet wurde, ist für den Hochwasserschutz am Alpenrhein von der Illmündung bis zum Bodensee zuständig. Sie koordiniert die Rheinvorstreckung, also die Weiterführung des Rheinkanals in den See.

IRKA: Im Rahmen der 1995 gegründeten Internationalen Regierungskommission Alpenrhein werden Fragen des Gewässerschutzes, der Energienutzung, des Schutzwasserbaus und der Raumplanung rund um den Alpenrhein gemeinsam geregelt.

~ ~

Die Geschichte des Bodensees

Eine Pfalz als Pate: der Name Bodensee

Nein, nicht Konstanz, Bregenz, Kreuzlingen oder Friedrichshafen haben dem Bodensee seinen Namen gegeben, sondern ein ganz kleiner Ort am Nordwestende des Sees: Bodman. Im 9. Jahrhundert wurde die dortige fränkische Königspfalz Bodama zum Namenspaten. In dieser Zeit weilten die Karolinger am Seeufer bei Bodman in einer burgähnlichen Palastanlage, eben einer Pfalz – besonders oft und gerne Ludwig der Deutsche und Karl der Dicke, wie in der Gemeinde Bodman-Ludwigshafen noch heute nicht ohne Stolz berichtet wird.

So kam es, dass der damals noch gebräuchliche Name »Bregenzer See« allmählich der Vergessenheit anheimfiel. Den hatten die Römer nach ihrem Kastell Brigantium (Bregenz) geprägt. Allerdings hieß bei ihnen nur der Obersee Lacus Brigantinus, der Untersee wurde aus unbekannten Gründen Lacus Venetus genannt.

So ganz ohne Probleme ging die neue Namensbildung aber nicht ab: Der Reichenauer Abt Walahfrid wollte im 9. Jahrhundert wohl den schon eingebürgerten Namen Bodamicus erhalten, aber ihn nicht mit der fränkischen Pfalz bei Bodman in Verbindung bringen. So verlegte er die Herkunft in einer Urkunde aus dem Jahr 839 kurzerhand ins Griechische: Potamus – Fluss – wäre demnach der Namenspatron für den »Lacus Potamicus«, den »Flusssee«, also den Rheinsee. Doch die Menschen am See dürfte das damals wenig gekümmert haben. Sie machten im Laufe der Zeit aus dem Lacus Bodamicus das deutsche Wort podmensê, das sich schließlich über bodmensê, Bodmensee und Bodemsee zu Bodensee wandelte.

In Baden-Württemberg heißt der See bekanntlich ganz unbescheiden auch Schwäbisches Meer – wobei dieses »Meer« ja eigentlich gar nicht zum schwäbischen, sondern zum alemannischen Dialektraum gehört. Und für alle, die englisch oder romanische Sprachen sprechen, ist Konstanz als offenbar bedeutendste Stadt namensgebend gewesen: Da heißt der Bodensee nämlich Lake Constance, Lac de Constance, Lago di Costanza.

Linke Seite: Beliebtes Touristenziel: die Meersburg.

Die Römer am See

Im 4. Jahrhundert nach Christus hat der römische Historiker Ammianus Marcellinus, einer der bedeutendsten Geschichtsschreiber der Spätantike, den Alpenrhein und den Bodensee recht anschaulich beschrieben. Der folgende Auszug zeigt das typische imperiale Denken der Römer:

»Bald, aus der Enge befreit, bespült der Strom hohe Uferwege und ergießt sich in einen rundlichen weiten See, den die rätischen Anwohner Brigantia nennen. Er ist 460 Stadien lang und misst fast ebenso viele in der Breite. Wegen der schrecklich rauen Wälder gibt es keinen Zugang zu ihm außer dort, wo die altbewährte und nüchterne römische Tüchtigkeit eine breite Straße angelegt hat, trotz des Widerstandes der Barbaren, der Natur der Gegend und des unwirtlichen Klimas.«

Die Entstehung des Bodensees

Riesig groß war er einmal, der Bodensee: Nach der letzten Eiszeit, der Würmeiszeit, dehnte er sich vor etwa 14.000 Jahren im Süden weit in das Alpenrheintal hinauf bis in die Nähe von Chur aus. Dank dieses sogenannten Rheintalsees bedeckte er damals eine etwa doppelt so große Fläche wie heute. Doch diese »Hochzeit« währte nur etwa 4000 Jahre, dann war dieser Teil des Sees schon wieder verlandet – dank der immensen Schuttfracht, die der Rhein aus den Alpen heranschwemmte, und dank diverser Bergstürze, welche die Täler rasch auffüllten. Die fortschreitende Verlandung des Bodensees hält bis heute

an, wobei sich allerdings der Mensch mit der Rheinregulierung heftig gegen die Folgen stemmt (siehe S. 43). Teilweise ging die größere Ausdehnung auf den damals noch höheren Seespiegel zurück: Dieser lag nach dem Abschmelzen des Eises noch bei etwa 415 Metern über dem Meeresspiegel, weil ein Moränenschuttwall westlich des Sees bei Hemishofen als Staudamm gewirkt hatte. Doch dieser Riegel wurde kurz nach dem Abschmelzen des Eises aus dem Bodenseeraum abgetragen, sodass der Seespiegel heute im Mittel bei 395 Metern über dem Meer liegt (siehe S. 31).

Der Rheintalsee und seine Verlandung sind aber nur die jüngste Episode in der langen Entstehungsgeschichte des Bodensees. Schon früher gab es verschiedene Vorläufer-Seen, die sich vermutlich weit hinauf in das heutige Rheintal erstreckten. Prinzipiell verdankt der Bodensee mitsamt seinen Vorläufern seine Entstehung der Auffaltung der Alpen, die im ausgehenden Tertiär ablief. Damals driftete Afrika gen Norden und drückte auf Europa. Die Folgen dieser Kollision sind noch heute in Form der Alpen zu besichtigen. Durch den Druck der alpinen Gesteinsmassen senkte sich die Erdkruste ein, wodurch auf der Nordseite der Alpen eine Art Vorlandtrog entstand. Dieser wurde aber gleichzeitig von den Schuttmassen – von den Geologen Molasse genannt – aufgefüllt, welche die nach Norden entwässernden Flüsse ablagerten.

Diese Molasseablagerung endete vor etwa zehn Millionen Jahren, weil sich das Voralpenland hob. Nun lag das Bodenseehochland auf etwa 800 Meter über dem Meeresspiegel. Der Rhein entwässerte damals in die Urdonau, die Wasserscheide lag östlich der Aare. Erst mit dem anschließenden Wechsel aus Warm- und Kaltzeiten – also ab etwa zwei Millionen Jahren vor heute – floss irgendwann einmal das Schmelzwasser gen Westen zur Saône und Rhône und später dann in die Nordsee. In den Zeiten, in denen es kalt war, bedeckten Eismassen das Bodenseegebiet und hobelten den Untergrund aus. Und wenn es warm war, füllte sich das Becken mit Wasser, wobei diese Urbodenseen durchaus unterschiedliche Gestalt und Größe aufgewiesen haben dürften. Daher, so betonen die Geologen, ist der See das Werk eiszeitlicher Erosion und nicht eines Grabenbruchs – wenngleich die Alpenfaltung und die dadurch bedingte Eintiefung im Norden dieses Gebirges zweifellos bei der Bildung des Sees geholfen haben.

Der Bodensee: drei Teile, ein See

Bekanntlich ist das so eine Sache mit geografischen Bezeichnungen. Da sie in aller Regel auf eine lange historische Tradition zurückgehen, kommt es oft genug vor, dass die Abgrenzungen weder scharf noch einheitlich sind. So ist das auch am Bodensee.

Ganz offensichtlich ist der See kein einheitlicher Wasserkörper, der sich lediglich in einzelne Buchten unterteilt. Vielmehr ist der Bodensee schon von seiner Form her eindeutig in zwei große

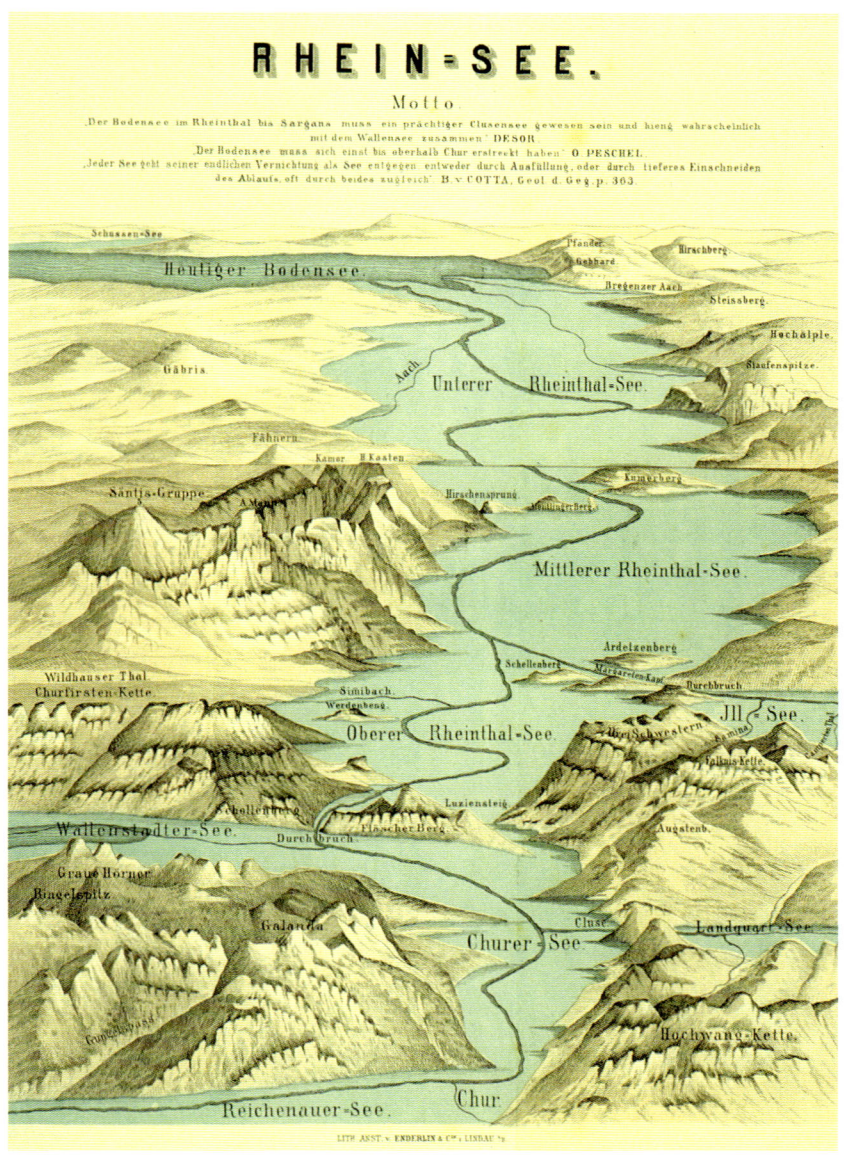

So könnte es früher einmal ausgesehen haben: Blick von Süden auf den Vorläufer des heutigen Bodensees.

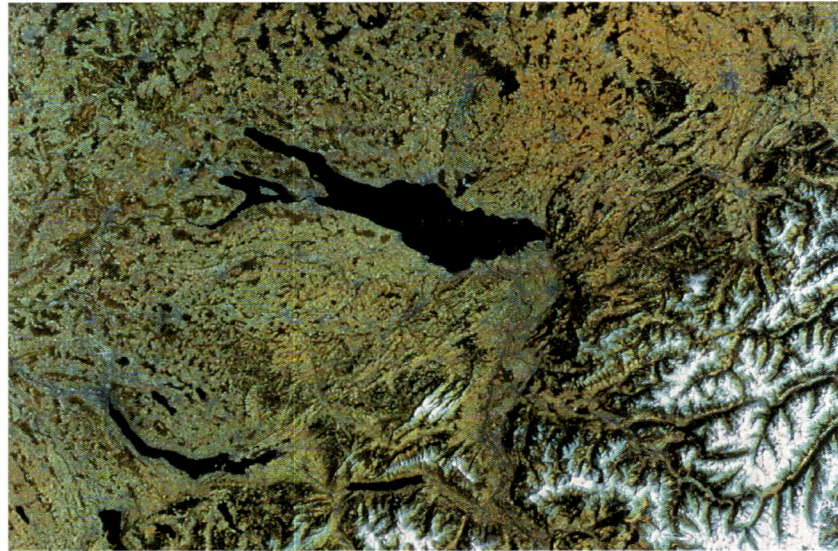

Oben: Berühmter Blick auf
den Bodensee: die Malerecke
bei Langenargen.

Unten: Der Bodensee, vom
Weltall aus gesehen.

Teile gegliedert: den tiefen Obersee, der
oftmals als der eigentliche Bodensee
angesehen wird, und den deutlich
flacheren Untersee (zu den seenkund-
lichen Kenndaten siehe S. 30). Verbunden sind die beiden in vieler Hinsicht
ungleichen Teile durch den Seerhein, der
durch Konstanz fließt – und dann, um
die Namensvielfalt zu komplettieren,
zum Rheinsee wird.

Die Namensgebung des Obersees nun ist
nicht ganz eindeutig: Eigentlich erstreckt sich dieser Seeteil von Ludwigshafen und Bodman im Westen bis
Bregenz im Osten; somit umfasst er den
Überlinger See wie auch den eigent-
lichen Obersee, der ab etwa einer Linie
Meersburg–Konstanz beginnt, der
sogenannten Mainauschwelle. Ein
weiterer Teil des Obersees ist der Konstanzer Trichter, auch die Konstanzer
Bucht genannt. Oft genug – und dann
kann es durchaus verwirrend werden –
wird unter dem Seeteil Obersee aber
auch allein das große Hauptbecken
verstanden, also ohne den Überlinger See
und den Konstanzer Trichter. Unzweifelhaft ist, dass der Obersee sozusagen der
Anfang des Bodensees ist. Während der
Alte Rhein an der schweizerisch-öster-
reichischen Grenze in den See mündet,
wurde in der Fußacher Bucht in Österreich der neue Rheinkanal im Zuge der
sogenannten Rheinvorstreckung vom
Menschen Jahr um Jahr etwas weiter in
den See hinaus verlagert (siehe S. 42).
Vom Obersee zum Untersee: Betrachtet
man diesen aus der Luft, so gleicht er in
seiner Form ein bisschen dem Gesamt-

Bodensee. Ganz ähnlich wie dieser im Westen durch den Bodanrück geteilt ist, ist der Untersee ebenfalls im Westen durch die Halbinsel Mettnau unterteilt. Diese ökologisch bedeutsame Landzunge erstreckt sich von Radolfzell aus gen Osten und teilt den Gnadensee ab, der im Westen vom Markelfinger Winkel und im Osten von der Insel Reichenau begrenzt wird. Auf der Ostseite des Reichenau-Dammes erstreckt sich die Bucht vor dem Wollmatinger Ried sowie nach Süden hin das Ermatinger Becken. Diese Flachwassergebiete sind vor allem im Winter, aber auch im Sommer für Wasservögel ein wahres Eldorado.

Neben dem Gnadensee bilden noch zwei weitere Teile den Untersee: zum einen der Zeller See, also das Becken zwischen den Halbinseln Mettnau und Höri, und zum anderen der Rheinsee, den man auch als Untersee im engeren Sinne ansehen kann. Letzterer erstreckt sich südlich der Reichenau nach Westen und wird dabei auf deutscher Seite von der Höri und im Süden vom schweizerischen Ufer begrenzt. Bei Stein am Rhein schließlich ist der Bodensee zu Ende – er entwässert in den Rhein. Um die »Bodensee-Rheinschiene« nochmals zusammenzufassen: Vom Obersee entwässert der Bodensee bei Konstanz in den Seerhein, von dort geht es in den Rheinsee und dann in den Hochrhein.

Der Bodensee im Vergleich

Auf rund 242.000 Quadratkilometer Fläche bringen es die Großen Seen in Nordamerika. Und der fast 1640 Meter tiefe Baikalsee enthält rund 23.000 Kubikkilometer Wasser, also etwa ein Fünftel der Süßwassermenge der Erde. Demgegenüber nimmt sich der Bodensee mit seinen 536 Quadratkilometern Fläche und 254 Metern Tiefe regelrecht bescheiden aus. Doch für Mitteleuropa ist das wiederum recht beachtlich: Hier liegt der Bodensee flächenmäßig auf Platz drei. Größer ist nur noch der Genfer See mit einer Fläche von 582 Quadratkilometern und einer Tiefe von 310 Metern sowie der ungarische Plattensee, der Balaton. Mit seinen 594 Quadratkilometern liegt dieser flächenmäßig zwar auf Platz eins, doch er ist bekanntlich viel flacher, seine maximale Tiefe liegt gerade einmal bei 12,5 Metern. Deswegen schiebt sich der Bodensee noch vor dem Plattensee auf Platz zwei – wenn man allein das Wasservolumen von etwa 50 Kubikkilometern als Kriterium nimmt. Dieses entspricht etwa 0,04 Prozent des Wassers aller Süßwasserseen der Erde.

Die Daten zu den Seen sind übrigens keine absoluten, unverrückbaren Größen. Vielmehr sind es Mittelwerte, die auch am Bodensee schwanken können (siehe S. 30), noch mehr aber bei flachen Seen. Ein extremes Beispiel ist der Neusiedler See östlich von Wien. Der im Durchschnitt etwa 300 Quadratkilometer große See war 1868 ganz ausgetrocknet. Aber 80 Jahre zuvor hatte er eine Fläche von mindestens 500 Quadratkilometern bedeckt, womit er damals fast so groß wie der Bodensee war.

Wem gehört der Bodensee?

Drei Staaten teilen sich den Bodensee: Deutschland mit den Bundesländern Baden-Württemberg und Bayern, die Schweiz mit den Kantonen St. Gallen und Thurgau sowie Österreich mit dem Bundesland Vorarlberg. Da sollte man bei einem so großen See im Herzen Europas meinen, dass die Grenzen in und um das Gewässer eindeutig festgelegt sind. Interessanterweise sind sie das aber nicht – gerade deshalb funktioniert die überstaatliche Zusammenarbeit einwandfrei. Klar geregelt sind die Verhältnisse am Untersee. Im Jahr 1854 einigten sich das damalige Großherzogtum Baden und der schweizerische Kanton Thurgau auf die Mitte des Rheins und des Rheinsees als Landesgrenze. Auch für den Konstanzer Trichter gibt es zwischen dem deutschen Konstanz und dem schweizerischen Kreuzlingen seit 1878 eine eindeutig definierte Grenze, die 1938 noch einmal in einem neuen Staatsabkommen zwischen Deutschland und der Schweiz bestätigt wurde. Eindeutig ist schließlich auch, dass der Überlinger See – also der Seeteil zwischen Meersburg und Bodman – allein zu Baden-Württemberg gehört.

Juristisch nicht geregelt sind die Hoheitsverhältnisse dagegen am Obersee zwischen der Linie Meersburg–Konstanz (exklusive dem Konstanzer Trichter) und Bregenz. Juristen, Historiker und Politiker in allen Anrainerstaaten haben sich mit diesem Problem befasst. Was in der praktischen Zusammenarbeit unkompliziert funktioniert, formulieren die Juristen völkerrechtlich in drei Theorien folgendermaßen:

1. Die Kondominiumstheorie, wonach der Obersee bis zur Uferlinie, das heißt unter Ausschluss der im Alleineigentum des jeweiligen Anliegerstaates stehenden Anlagen wie Häfen oder Badeeinrichtungen, unter der gemeinsamen Hoheit aller Anrainerstaaten steht.

2. Die Haldentheorie, wonach der Bereich der Halde, deren Grenze bei 25 Metern Wassertiefe (Mittelwasserlinie) angesetzt wird (siehe S. 36), der Hoheit des jeweiligen Uferstaates unterliegt, während die Hohe See ein Kondominium der Anrainerstaaten bildet.

3. Die Realteilungstheorie, wonach die Grenze der territorialen Souveränität der Anrainerstaaten entlang der Mittellinie des Sees verläuft. Ein gemeinsames Hoheitsgebiet gibt es demnach nicht.

Da sich bisher keine dieser Ansichten international durchgesetzt hat, sind die Hoheitsrechte am See zwar nicht klar geregelt, doch in der Praxis funktioniert die Zusammenarbeit bisher reibungslos. Die Staaten sind sich einig, dass ein ufernahes Gebiet zum jeweiligen Anrainerstaat gehört. Die große restliche Wasserfläche des Obersees wird heute als gemeinsames Eigentum der drei Anliegerstaaten angesehen und gemeinsam verwaltet, was dank der intensiven Zusammenarbeit in zahlreichen internationalen Kommissionen sehr gut funktioniert.

Ausschnitt aus der historischen
Brandmayer-Karte von 1863:
Links ist das alte Konstanz,
rechts die Insel Mainau zu sehen.

Das Einzugsgebiet

Im Wesentlichen sind es drei Elemente, die einen See prägen: zum Ersten seine geografische Lage, im Falle des Bodensees also in der gemäßigten Zone Mitteleuropas; zum Zweiten seine Größe, Gestalt und Tiefe, also die morphometrischen Daten (siehe S. 17, S. 30); und zum Dritten die Größe und Beschaffenheit seines Einzugsgebiets.

Das Einzugsgebiet des Bodensees ist mit etwa 11.500 Quadratkilometern rund 20-mal so groß wie die Seefläche. Mehr als die Hälfte, nämlich 56 Prozent, entfallen dabei auf den Hauptzufluss, den Alpenrhein. Im Süden reicht das Einzugsgebiet bis Italien – ein ganz kleiner Teil (49 Quadratkilometer, entsprechend 0,4 Prozent) des in den Bodensee fließenden Wassers stammt aus der Region Lombardei. Im Norden entwässern Oberschwaben und das Allgäu in den See.

Für das jährliche Wasserregime des Bodensees ist es entscheidend, dass mehr als die Hälfte des Einzugsgebiets höher als 1500 Meter über dem Meeresspiegel liegt. Dadurch bleibt im Winter zunächst ein erheblicher Teil der Niederschläge als Schnee liegen, der dann erst verzögert im Frühjahr als Schmelzwasser in den See fließt. Andererseits speisen die noch vorhandenen Gletscher und vor allem die Speicherseen der Wasserkraftwerke im Alpenraum den See auch in der Sommerzeit mit mehr Wasser, als die aktuellen Niederschläge liefern. All das wirkt sich in charakteristischer Weise auf den Seespiegel aus (siehe S. 24).

Bei der Attraktivität der Landschaft ist es wenig verwunderlich, dass die Region um den Bodensee zu den besonders intensiv genutzten Gebieten Europas gehört. Dabei ist der Siedlungsdruck in Seenähe sowie in den weiten Talebenen – und hier vor allem im Alpenrheintal – am größten. Wichtig für die Belastung des Sees ist, dass knapp die Hälfte der Fläche im Bodensee-Einzugsgebiet landwirtschaftlich genutzt ist, was für einen nur relativ schwer zu beherrschenden, diffusen Eintrag von Nährstoffen sorgt. Umso bedeutsamer ist, dass mittlerweile der Ausbaugrad der häuslichen Abwasserbeseitigung einen sehr hohen Standard erreicht hat (siehe S. 8, S. 122) und dass damit die Qualität der Zuflüsse in den vergangenen Jahren stetig verbessert wurde. Kaum eine Fließgewässerstrecke ist daher heute noch kritisch oder stärker belastet.

Der Hinterrhein ist noch ein wilder, ungezähmter Fluss.

Dennoch ist hier noch einiges zu verbessern. Vor allem müssen die Zuflüsse strukturell verändert und für Fische und Kleinlebewesen durchgängiger gemacht werden, es müssen also Wehre und andere Wanderungshindernisse beseitigt und durch umweltverträglichere Lösungen ersetzt werden. In den vergangenen Jahren wurde hier schon einiges erreicht, so etwa an der Argen oder am Alpenrhein. So kann dort die Seeforelle wieder über erhebliche Strecken vom Bodensee zum Laichen in die höher gelegenen Fließregionen gelangen (siehe S. 104). Ökologisch bedenklich sind auch der Schwallbetrieb und die Spülungen, die bei der Bewirtschaftung der im Alpenraum weit verbreiteten Wasserspeicherbecken üblich sind, sowie Kiesentnahmen.

Nach den Alpen bildet das nördlich des Bodensees gelegene Oberschwaben den zweiten bedeutenden, wenn auch weitaus kleineren Teil des Einzugsgebiets. Als sich der Rheingletscher in den vergangenen Eiszeiten aus dem Voralpenland in Richtung Alpen zurückzog, hinterließ er eine an Seen und Toteislöchern reiche Landschaft. Die Seen entstanden zum einen hinter Schuttwällen, die von den Gletschern zurückgelassen wurden und wie Staudämme wirkten. Zum anderen hatten die Gletscher an geeigneten Stellen richtige Tröge in den Untergrund gehobelt, die sich nun mit Schmelzwasser füllten. Toteislöcher wiederum entstanden, wenn große Eisblöcke mit Schutt überdeckt wurden und dadurch wie in einer Kältekammer teilweise über Jahrhunderte hinweg konserviert wurden. Aber irgendwann siegte die Wärme: Das Eis schmolz und hinterließ ein – oft ziemlich rundes – Loch im Boden, das sich dann ebenfalls mit Wasser füllte. So kommt es, dass Oberschwaben auch heute noch reich an Seen, Weihern, Feuchtgebieten und Mooren ist. Der Federsee ist ein besonders bekanntes Beispiel, aber auch die Blitzenreuter Seenplatte, der Rohrsee sowie das Wurzacher Ried sind augenfällige Zeugen für die Tätigkeit der eiszeitlichen Gletscher. Im Gegensatz zum Bodensee sind viele dieser Biotope in ihrer Existenz akut

Links: Ein Überbleibsel der eiszeitlichen Vergletscherung: der Federsee in Oberschwaben.

Rechts: Kraftwerke und Staustufen bilden Barrieren, die für Fische und andere Wassertiere unpassierbar sind. Mit einer Fischtreppe (rechts im Bild) können sie durchgängig gemacht werden.

bedroht. Während große Moore und Feuchtgebiete in der Vergangenheit flächenmäßig durch Torfabbau und Entwässerung »nur« stark geschrumpft sind, verschwanden viele kleinere Feuchtgebiete vollständig aus der Landschaft. Sie wurden verfüllt und trockengelegt, sodass heute oft nur noch alte Flurnamen an ihre Existenz erinnern. Während das »Seensterben« schon vor etwa 200 Jahren begann, sind die Feuchtgebiete erst seit den 1960er Jahren massiv zurückgedrängt worden – sie hatten in der zunehmend industrialisierten Landwirtschaft mit ihrem hohen Flächenbedarf schlicht keinen Platz mehr. Und das Schilf und Heu der wenig ertragreichen feuchten Streuwiesen, das die Bauern früher im Stall als Einstreu benutzt hatten, war im Zuge der Schwemmentmistung überflüssig geworden. So ergab die zwischen 1982 und 1987 im Kreis Ravensburg durchgeführte Feuchtgebietskartierung, dass dort allein zwischen 1960 und Mitte der 1980er Jahre die Fläche der Feuchtgebiete von etwa 1630 auf 917 Hektar zurückgegangen war. Oder andersherum: von den 1630 Hektar waren in dieser Zeit 713 Hektar, also 44 Prozent, zerstört worden. Zwar ist der Verlust an Seen und Feuchtgebieten dank intensiver Naturschutzmaßnahmen inzwischen deutlich gebremst, doch nach wie vor sind die verbliebenen, ökologisch so bedeutsamen Flächen stark bedroht. Umso wichtiger ist es, sie zu erhalten und zu schützen – vor allem im Hinblick auf ihre Funktion als Rückzugsgebiete für bedrohte Tier-

und Pflanzenarten, die oft auch am Bodensee ein Zuhause haben. Es ist erfreulich, dass auch beim Schutz von kleineren Seen und Feuchtgebieten in den vergangenen Jahren deutliche Fortschritte gemacht worden sind.

Der Alpenrhein leidet unter Schwallbetrieb

Für die Stromproduzenten sind der Alpenrhein und seine Zuflüsse eine wahre Goldgrube: In mehr als 20 Speicherbecken im Einzugsgebiet des Bodensees wird Wasser gesammelt. Durch die Turbinen geschickt wird es vor allem dann, wenn der Strom am dringendsten benötigt wird, also am teuersten ist. Doch diese Art der Stromproduktion zur Deckung des Spitzenbedarfs hat ihren ökologischen Preis. Die hohe Wasserführung während des Turbinenbetriebes, der sogenannte Schwall, wirkt sich auf die Fließgewässer unterhalb des Speicherbeckens sehr nachteilig aus.

Schwankungen der Wassertemperatur und des Sauerstoffgehalts, das ständige Auf und Ab des Wasserspiegels, die erhöhte Trübung, die Ablagerung und Wiederaufwirbelung von Feinsediment sowie weitere negative Faktoren machen den Tieren und Pflanzen in der Fließstrecke unterhalb der Staubecken das Leben schwer. Auch die Fische sind betroffen: Weniger Nahrung und Probleme bei der Fortpflanzung sind nur zwei Gründe, weshalb der heutige Alpenrhein – im Gegensatz zu früher – für sie kein gutes »Wohngewässer« mehr ist.

Rückblick in graue Vorzeit: die Besiedelung des Sees

Ein sonniger Februarmorgen, der See ist spiegelglatt – ideale Bedingungen also für die beiden Forschungstaucher, die neoprengeschützt und mit Pressluft-flaschen beladen vor Sipplingen im gerade einmal 70 Zentimeter tiefen Wasser nach archäologischen Überresten suchen. Bauhölzer, Knochenreste, Ton-scherben, Haselnussschalen und manch weitere Zeugnisse unserer Vorfahren kommen ans Tageslicht und werden anschließend im Labor präpariert und ausgewertet.

Seit Beginn der Unterwassergrabungen in den 1980er Jahren haben die Forscher in der Flachwasserzone vor Sipplingen viele neue Erkenntnisse über das Leben unserer Vorfahren am Bodensee gewon-nen. Mittlerweile wurden dort in einem etwa 500 Meter langen Uferstreifen 22 bis 23 verschiedene Siedlungen ge-funden, die aus dem Zeitraum von etwa 4000 bis 800 vor Christus datieren. Das macht Sipplingen zu einem der bedeu-tendsten frühgeschichtlichen Siedlungs-gebiete im Alpenvorland. So verwun-dern auch die hier gemachten heraus-ragenden Funde nicht. Dazu zählen beispielsweise vollständig erhaltene Kleidungsstücke aus der Steinzeit, et-wa ein Hut mit Fellimitation oder eine geflochtene Sandale aus Rindenbast. Neben Sipplingen gibt es rund um den Bodensee sowie an den kleinen Seen im Voralpenland noch zahlreiche weitere Funde aus grauer Vorzeit: An mehr als hundert Stellen konnten Archäologen

bisher Reste von Pfahlbauten und Feucht-bodensiedlungen nachweisen. Errichtet wurden sie von der Jüngeren Steinzeit bis zur Bronzezeit, also im Zeitraum von 4300 bis 850 vor Christus. Doch es gibt auch noch ältere Funde. So wurden während der Grabungskampagne im Winter 2007/2008 am Übergang des Untersees in den Seerhein, dort wo sich Öhningen und die schweizerische Ge-meinde Eschenz gegenüberliegen, direkt auf der Grenze mehrere Hundert stein-zeitliche Pfähle im Wasser entdeckt. Darunter waren 3700 Jahre alte Pfähle aus der Bronzezeit sowie etwa 5000 Jahre alte Pfähle aus der Jungsteinzeit – und Keramikteile, die sogar 5900 Jahre alt sind.

Dass unsere Vorfahren das Bodensee-gebiet so attraktiv fanden, ist wenig ver-wunderlich: Hier laufen seit alters her wichtige Verkehrsverbindungen zu-sammen, die über die Alpen und nach Westen führen. Hinzu kam die Lage

Forschungstaucher vor Sipplingen bei der archäo-logischen Erkundung des Seebodens.

am Seeufer, die einen guten Schutz vor Tieren und Feinden bot. Und schließlich sorgte der Fischreichtum des Sees für eine zusätzliche sichere Nahrungsquelle. Der Schwerpunkt dieser Siedlungen lag zwar im westlichen Bodenseebereich, doch auch das Schweizer Ufer war ein begehrtes Siedlungsgebiet. Hier wurden 25 bis 30 Standorte gefunden. Im Voralpenland schließlich bildete der Federsee einen Besiedelungsschwerpunkt. Doch auch an anderen oberschwäbischen Seen wurden Reste von Häusern gefunden, so etwa auf der Halbinsel am Schreckensee nordwestlich von Ravensburg.

Bei aller Freude über ihre zahlreichen Funde und neuen Erkenntnisse treibt die Archäologen aber die Sorge um den Erhalt dieser einmaligen Kulturdenkmäler um. Der Bau des Sipplinger Yachthafens im Jahr 1970 ist ein bedrückendes Beispiel dafür, wie wertvolle Teile von Pfahlbausiedlungen unwiederbringlich zerstört wurden. Mittlerweile stellt die direkte Vernichtung von Kulturschichten keine so große Bedrohung mehr dar. Dafür bereitet nun die Klimaerwärmung möglicherweise Sorgen. So könnten verstärkte Schwankungen des Wasserspiegels immer öfter dazu führen, dass die Überreste der Pfahlbauten aus der Stein- und Bronzezeit bei niedrigen Wasserständen freigespült werden und verfallen, wenn sie ihrer schützenden Schlickschicht beraubt sind.

Zusätzlich zu niedrigen Wasserständen machen seit einiger Zeit Erosionsvorgänge am Ufer und der damit verbundene großflächige Abtrag von Sedimenten den Kulturdenkmälern zu schaffen. Insbesondere der oft Jahrzehnte zurückliegende Bau von Mauern am Ufer sowie der Schiffsverkehr haben offenbar das Wellengeschehen so verändert, dass die Erosion viel stärker geworden ist. Um weiteren Schaden von den wertvollen Kulturstätten abzuwenden, wurden bereits Schutzmaßnahmen ergriffen. So erhielt zum Beispiel in Sipplingen die dort mit einer Mauer verbaute Uferböschung durch Kiesaufschüttungen eine natürliche Neigung, sodass die Wellen nun besser auslaufen können. Zudem wurden Teile der Kulturschichten mit Matten, sogenannten Geotextilien, bedeckt, auf die eine schützende Kiesschicht aufgebracht wurde.

So könnte es in der Steinzeit ausgesehen haben: die rekonstruierte Pfahlbausiedlung bei Unteruhldingen am Bodensee.

Nachgebaute Pfahlbausiedlungen

Eine Vorstellung vom Leben unserer Vorfahren im Voralpenland und am Bodensee vermitteln die Museumsdörfer des Federseemuseums in Bad Buchau und des Pfahlbaumuseums in Unteruhldingen am Bodensee. Allerdings können diese Nachbauten nur einen begrenzten Einblick in die damaligen Siedlungsweisen geben. Die Archäologen weisen nämlich darauf hin, dass es eine große Vielfalt an Hauskonstruktionen und Siedlungsplänen gab und dass verschiedene Kulturen in dieser Region siedelten. Die heute noch zu Tausenden in den Flachwasserbereichen des Bodensees steckenden Pfähle waren dabei nicht nur Bestandteile der Häuser, sondern auch von Stegen und Palisaden – eben dies lässt sich im Unteruhldinger Pfahlbaudorf lebensnah besichtigen.

Ein Stück Kulturgeschichte: die Schiffwracks im See

Man schreibt den 12. Januar 1864. Am Schweizer Ufer des Bodensees herrscht dichter Nebel. Der damals gerade zehn Jahre alte Raddampfer »Jura« dampft ein paar Kilometer östlich von Kreuzlingen vor Bottighofen seines Weges. Kurz vor 11 Uhr hat der bayerische Kapitän Martin Motz die Maschine stoppen lassen, weil er die Nebelglocke des Dampfschiffs »Zürich« gehört hat. Doch urplötzlich taucht die »Zürich« aus dem Nebel auf. Das Ruder der »Jura« wird noch hart nach steuerbord gerissen – doch es ist zu spät: Der Raddampfer wird von der »Zürich« am Bug gerammt. Der Matrose Johann Martin Rupflin, der vorne am Schiff die Nebelglocke betätigt hat, versucht noch nach hinten zu fliehen. Er wird aber »von dem eindringenden Bugspriet des Schiffes Zürich erreicht und förmlich in zwei Theile zerschnitten«, wie es in dem Unfallprotokoll des Lindauer Hafenkommissariats heißt, das im Staatsarchiv Augsburg aufbewahrt wird. Ein Schiffsjunge bricht sich den Arm, die restlichen Besatzungsmitglieder und fünf Passagiere kommen mit dem Schrecken davon und können sich auf die »Zürich« in Sicherheit bringen. In diese hat sich die »Jura« verkeilt – aber nur für kurze Zeit: Nach nur drei Minuten sinkt das tödlich verwundete Dampfboot auf den Grund des Bodensees, der an dieser Stelle etwa 38 Meter tief ist. Ironie des Schicksals: die 1854 gebaute »Jura« war erst 1861 in demontiertem Zustand vom Neuenburger See über Luzern mit Pferdefuhrwerken an den Bodensee gebracht worden – als Ersatz für ein bayerisches Schiff, das 1861 während eines Sturmes ebenfalls von der »Zürich« gerammt und versenkt worden war.

Im Laufe der Jahre geriet die »Jura« in Vergessenheit. Wahrscheinlich ist sie dann zunächst Mitte der 1960er Jahre und dann noch einmal zehn Jahre später wieder entdeckt worden. Bald wurde sie zu einem beliebten Ziel für Taucher – was wenig verwunderlich ist, handelt es sich doch um ein hervorragend erhaltenes Wrack. Das Loch im Bug, das scharf nach rechts eingeschlagene Ruder, die Maschine, die Kurbelwelle, die Ankerwinde, die Bordtoilette und viele andere

Die Werkbank im Innern des Wracks der versunkenen »Jura«.

Rechte Seite: Blick auf die Bregenzer Bucht.

Mit dem Unterwasser-Sonargerät am Seegrund geortet: die 1994 im östlichen Bodensee abgestürzte Cessna.

Details sind hervorragend zu erkennen, wie zahlreiche Fotos von Tauchgängen belegen.

Das ist nicht ohne Folgen geblieben. Zum einen haben Souvenirjäger manch schönes Teil der »Jura« mitgehen lassen, zum anderen haben die Anker der Sportboote ihre zerstörerischen Spuren an dem zum größten Teil aus Holz gebauten Schiff hinterlassen – über Jahrzehnte hinweg war die »Jura« sozusagen taucherisches Freiwild. Mittlerweile ist sie als Kulturgut unter Schutz gestellt worden: als eines der zwei wichtigsten Süßwasserwracks in Europa.

Schiffswracks gibt es im Bodensee viele. Schon die Steinzeitmenschen fuhren mit Einbäumen auf den See, wie die gut erhaltenen Exemplare im Federseemuseum und im Unteruhldinger Pfahlbaumuseum anschaulich zeigen. Später schipperten die Römer mit veritablen Kriegs- und Handelsschiffen auf dem Schwäbischen Meer herum. Und im Konstanzer Landesmuseum ist ein restauriertes Lastschiff aus dem 14. Jahrhundert ausgestellt. Es wurde 1981 vor Immenstaad entdeckt und im Frühjahr 1991 geborgen und restauriert. Seit einigen Jahren wird von Archäologen und Seenkundlern mit Hilfe eines Sonars und bei Tauchgängen eine Wrackdatei vom Bodensee erstellt. Allerdings wird sie aus nahe liegenden Gründen nicht veröffentlicht.

In jüngster Zeit sind jedoch nicht mehr nur Sport- und Segelboote auf den Seegrund gesunken, sondern auch ein Hubschrauber und ein Sportflugzeug. Insbesondere die Cessna, die am 24. Januar 1994 beim Landeanflug auf den Flugplatz St. Margarethen in den Ostteil des Sees gestürzt war, hatte für erhebliche Aufregung gesorgt. Mit Hilfe des Unterwasser-Sonargeräts des Langenargener Instituts für Seenforschung konnte damals die Maschine bald nach dem Absturz geortet werden – samt den unweit davon am Seegrund liegenden, ertrunkenen Insassen. Inzwischen sind die versunkenen Fluggeräte allerdings aus dem See geborgen worden.

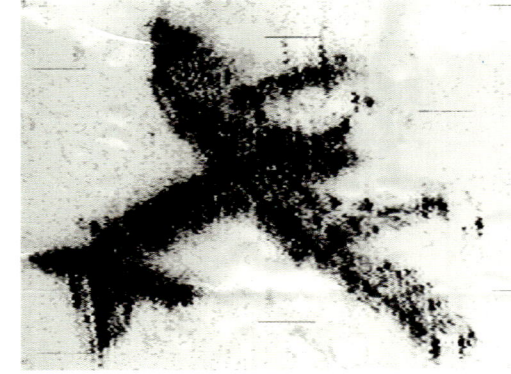

Die Beschaffenheit des Sees

Blick über den Bodensee: Vorn liegt der Obersee, rechts erstreckt sich der Überlinger See, links im Vordergrund der Konstanzer Trichter, dahinter darn der Untersee.

Größe, Tiefe, Volumen: Steckbrief des Sees

Die Daten sind vielerorts nachzulesen: 536 Quadratkilometer groß ist der Bodensee, an der tiefsten Stelle zwischen Friedrichshafen am deutschen Ufer und Uttwil auf der schweizerischen Seite misst er 254 Meter, seine Uferlänge beträgt 273 Kilometer und er enthält 48 Milliarden Kubikmeter Wasser. So weit, so gut. Aber wieso findet man dann insbesondere in älteren Büchern und Broschüren davon abweichende Angaben – etwa 571 Quadratkilometer für die Fläche? Diese Angaben beruhten offenbar auf fehlerhaften Berechnungen.

Allerdings ist auch anzumerken, dass die Kenndaten eines Sees prinzipiell keine absoluten Größen sind, sondern Mittelwerte: Wenn es viel regnet, dann ist der Seespiegel höher als nach einer langen Trockenperiode. Mit der Höhe des Seespiegels über dem Meeresspiegel schwanken aber auch Tiefe, Fläche und Volumen. Und beim Bodensee variiert der Seespiegel von Natur aus ohnehin um etwa 1,5 bis 2 Meter im Jahr: Im Februar ist er am niedrigsten, weil dann ein Großteil des im Einzugsgebiet fallenden Niederschlags als Schnee in den Alpen gebunden bleibt. Im Laufe des Frühjahrs steigt der Wasserspiegel flott an, weil der Schnee in den Alpen schmilzt. Typischerweise ist im Juni/ Juli das Maximum erreicht. Wenn dann noch ein kräftiges Hochwasser und eine ausgeprägte Trockenperiode hinzukommen, können es schnell 3 Meter Schwankungsbreite binnen Jahresfrist werden.

Im Jahr 2004 ist der Bodensee allerdings urplötzlich von 571 auf 536 Quadratkilometer »geschrumpft« – wenn auch nur auf dem Papier. Für die Berechnung der mittleren Fläche des Sees muss nämlich wegen der natürlichen Schwankungen ein allseits akzeptierter mittlerer Seespiegel zugrunde gelegt werden. Dabei lag der Mittelwert für den als Bezugsgröße definierten Pegel Konstanz für den Zeitraum von 1902 bis 2000 bei 395,75 Metern über dem Meeresspiegel. Betrachtet man dagegen die Periode von 1887 bis 1997, betrug der mittlere Pegelstand nur

395,33 Meter. In der Literatur existierte früher auch der Wert 395,45 Meter, der auch als Bezug für die Seefläche von 571 Quadratkilometer diente. Im Jahr 2004 haben sich schließlich Landvermesser und Seenforscher auf den Wert 395,45 Meter geeinigt. Bei diesem Wasserstand hat der See ein Fläche von 536 Quadratkilometern.

Die Seewölbung

In seiner größten Ausdehnung zwischen Bregenz und dem Ausfluss bei Stein am Rhein ist der Bodensee 63 Kilometer lang. In direkter Linie würde die Sicht theoretisch 56 Kilometer weit vom Ufer des Rohrspitzes bei der Rheinmündung bis zum Nordwestende des Überlinger Sees reichen. Da macht sich allerdings bereits die natürliche Krümmung der Erde bemerkbar: Blickt man von Bregenz aus nach Westen, verliert sich der See im Horizont. Selbst bei klarstem Wetter ist das 46 Kilometer entfernte Konstanz nicht mehr zu sehen, weil es sozusagen unter dem Horizont liegt – und zwar 166 Meter. Wie man darauf kommt? Wenn man in Bregenz senkrecht zum Radius der Erdkugel – dieser beginnt naturgemäß in der Erdmitte – eine riesige Latte legen würde und diese bis Konstanz reichte, dann würde der Abstand zwischen der weit im Himmel liegenden Latte und dem wiederum auf der Erdradiuslinie liegenden Konstanz 166 Meter betragen – genug Platz für das 161,5 Meter hohe Ulmer Münster (46 km x 46 km/2 x 6370 km, wobei der Erdradius mit 6370 Kilometer angesetzt wurde). Wenn man die Linie Rohrspitz – Ludwigshafen nimmt, dann wären es sogar 246 Meter.

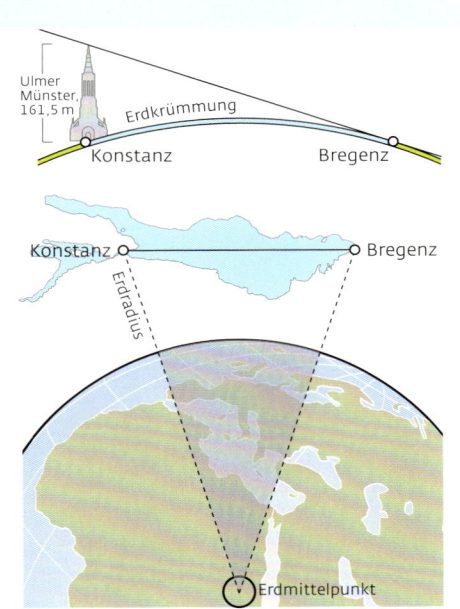

Berücksichtigt man allerdings die sogenannte Refraktion, also die Wirkung der vertikalen Brechung der Lichtstrahlen in der unteren Atmosphäre, dann muss man die Formel mit dem Faktor 1-0,13 = 0,87 multiplizieren. Dahinter verbirgt sich der bereits von Carl Friedrich Gauß ermittelte mittlere Refraktionskoeffizient von 0,13, also die mittlere Krümmung der Lichtstrahlen, die etwa 13 Prozent der Erdkrümmung beträgt. Für die genannten Strecken kommt man mit dieser Korrektur auf »nur« 144 beziehungsweise 214 Meter.

Schützenswert: die noch verbliebenen Auwaldreste rund
um den Bodensee wie hier
an der Mündung der Argen.

Ufer, Halde, Steilhänge: die Lebensräume

Das Ufer

Ganz ohne Zweifel ist der attraktivste
Teil eines Sees die Uferzone, und zwar
nicht nur für Tiere und Pflanzen aller
Art. Auch unsere Vorfahren in der
Steinzeit haben in ihren Pfahlbauten
bevorzugt am Übergang vom Land zum
Wasser gesiedelt. Bis heute wohnt der
Mensch hier am liebsten: Dörfer und
Städte, Hafenanlagen und Strandprome-
naden sowie viele Mauern zur Uferbefestigung seenaher Anwesen zeugen
von der langen Liste an Eingriffen in
diese ökologisch so wertvolle Zone (siehe
S. 126). Besonders bedroht ist dabei eine
für den Bodensee typische Ufer-Lebens-
gemeinschaft, die von dem im Jahres-
gang stark schwankenden Wasserstand
abhängt: der Strandrasen (siehe S. 94).
Früher beherrschten am See – wie auch

an seinen Zuflüssen – die Auenwälder
das Ufer. Wobei heute durch die intensive
Nutzung der Täler sowie die Begradi-
gung der meisten Flüsse und den Bau von
Hochwasserdämmen nur noch kümmer-
liche Überbleibsel an diesen ökologisch
äußerst wertvollen Lebensraum erinnern. Und die noch bestehenden Auen-
waldreste sind häufig überaltert: Standorte, an denen eine Verjüngung von
Weide, Erle, Esche und anderen typischen Vertretern der sogenannten
Weichholzaue möglich sind, wurden in
den vergangenen Jahrzehnten zunehmend rarer. Somit zählt der Schutz und
die Renaturierung der verbliebenen
Auenwälder rund um den See zu einer
wichtigen Zukunftsaufgabe.
Eine Besonderheit am Bodensee sind die
Strandwälle. Sie tragen ihren Namen
völlig zu Recht, bilden sie doch regelrechte, stellenweise bis zu mehrere Meter
mächtige Wälle, die sich mehr oder
weniger parallel zum Ufer erstrecken. Zu
einem erheblichen Teil bestehen sie aus
Kalkmaterial: manchmal eher aus fein-
körniger Seekreide, an anderen Stellen
vorwiegend aus grobkörnigerem,
gerundetem Material. Dieses heißt am
Bodensee Schnegglisande, was sich mit
Schneckensande übersetzen lässt. Entstanden sind sie am Untersee durch die
Aktivität von Cyanophyceen, landläufig
Blaualgen genannt. Am Obersee handelt
es sich dabei vor allem um Anspülungen,
die bei früheren Hochwasserereignissen
entstanden sind, also sozusagen um alte
Hochwasserwälle. Häufig finden sich
auf und in diesen Strandwällen auch die

Reste von angespülten Muschel- und Schneckengehäusen. Besonders ausgeprägt sind die Strandwälle in der Gegend von Friedrichshafen, also dort, wo der See am breitesten und die Energie der ankommenden Wellen daher besonders groß ist. Oft wachsen Büsche und Bäume auf den Wällen – und auch dafür gibt es am Bodensee einen eigenen Namen: den Seehag.

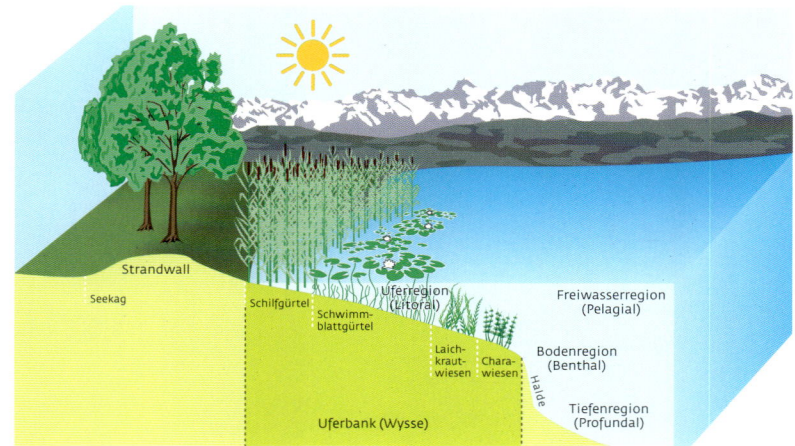

Ufertypen

Drei Ufertypen kann man am Bodensee beobachten. Da sind zum ersten die Steilufer, wie sie beispielsweise am Überlinger See von Wallhausen bis Bodman vorkommen. Geprägt werden sie von anstehendem Fels oder von Schutthalden. Die nächste Kategorie, die mittelsteilen Ufer, sind über ein Böschungsverhältnis zwischen 1:5 und 1:20 definiert. Sie säumen den Bodensee beispielsweise an einer Reihe von Stellen zwischen Wasserburg und Lindau oder am Sipplinger Ufer. Dabei handelt es sich überwiegend um sogenannte Abtragungsufer, bei denen auf der Landseite durch die stetige Tätigkeit der Wellen Material abgetragen – erodiert – wird und sich seeseitig auf der Uferbank Kies-Schotter-Anschwemmungen befinden.
Als dritter Typ sind schließlich die Flachufer zu nennen. Es gibt sie in verschiedenen Ausprägungen: als von den Eiszeitgletschern geformte Ufer etwa im Bereich des Wollmatinger Rieds, als Flussdelta zum Beispiel am Rheinspitz in der Nähe der Rheinmündung sowie als sogenannte

Anschwemmungsufer wie an der Fußacher Bucht in Vorarlberg. Flach sind auch diejenigen Uferbereiche, bei denen ganz feines Material an der See-Land-Kante erodiert und dieses dann auf der anderen Seite der Uferbank in Richtung Halde angeschwemmt wird. Dieser Vorgang findet sich beispielweise vor dem Eriskircher Ried zwischen Friedrichshafen und Eriskirch. Diese Einteilung der Ufer mag zunächst nur von rein akademischem Interesse erscheinen. Doch sie bekommt schnell einen sehr praktischen Bezug, wenn es um die Renaturierung künstlich verbauter Uferstrecken geht, die sich ja am ursprünglich vorhandenen Ufer als natürliche Referenz orientieren muss (siehe S. 128). Und wenn die Renaturierung nicht entsprechend des betreffenden Ufertyps durchgeführt wird, sieht dies zum einen meist ziemlich unnatürlich aus und verursacht zum anderen höhere und teurere Unterhaltungsmaßnahmen. Und oft genug stellen sich dann die angestrebten ökologischen Verbesserungen auch nicht ein.

Die Flachwasserzone

Von allen Teilen eines Sees ist die Flachwasserzone, dieser bis zu 10 Meter tiefe
Wasserstreifen zwischen Ufer und beginnender Tiefenwasserregion, zweifellos
der ökologisch vielfältigste Bereich. Nur
etwa ein Sechstel der gesamten Bodensee-
fläche wird zum Litoral gezählt, wie die
Fachleute diesen Lebensraum eines Sees
nennen. Doch dieses Sechstel strotzt nur
so von Leben: Weil die Flachwasserzone
lichtdurchflutet sowie gut mit Nährstoffen versorgt ist und sich zudem im
Frühjahr schneller erwärmt als das Freiwasser, dient sie als bevorzugter Lebensraum: Sie ist Kinderstube für Fische und
Amphibien, beliebter Aufenthaltsort für
die meisten Wasservogelarten, Habitat
für Wasserpflanzen und zahllose Kleinlebewesen vom mikroskopisch kleinen
Plankton bis zu den am und im Seeboden
lebenden Insektenlarven, Schnecken,
Muscheln und Würmern.

All diese Pflanzen und Tiere sind auf
diesen Wasserstreifen angewiesen, der
beispielsweise am Bodanrück sehr schmal

ist, an anderen Stellen wie etwa vor der
Insel Reichenau aber einige Kilometer
breit sein kann. Auch der Mensch profitiert von dem Nahrungsreichtum dieser
Region: So wird etwa im Untersee mit
seinen ausgedehnten Flachwasserzonen
weit über die Hälfte des dortigen Fisch-
ertrags aus den Flachwassergebieten geholt. Am Bodensee heißt die Flachwasserzone auch Wysse, was sich von weiß
ableitet. Denn wenn bei einem Sturm das
feinkörnige Sediment der Flachwasserzone mächtig durchgewirbelt wird,
erscheint das Wasser milchig-trübe und
damit weißlich. Vom Ufer aus und noch
besser aus der Luft lässt sich die Grenze
zwischen Wysse und beginnender Tiefen-
wasserzone meist sehr gut ausmachen:
Dort, wo der Seeboden an der sogenannten Halde ziemlich schlagartig abfällt,
wird das Wasser klarer und ändert seine
Farbe von einem hellen zu einem dunklen Grün, das bei Sonnenschein zu einem
wunderschönen Blau wird. Blau deshalb, weil das Licht so tief in das klare Seewasser eintauchen kann, dass sämtliche

Die Wirkung von Mauern und Wellen

Etwa 300 vom Menschen errichtete Anlagen – Häfen, Steganlagen, Bojenfelder, Strandbäder und Uferpromenaden – machen am Bodensee dem ökologisch so empfindlichen Flachwasserbereich zu schaffen. Hinzu kommen zahlreiche Mauern zur Uferbefestigung, Buhnen und Freizeiteinrichtungen wie Bäder und Campingplätze. Besonders nachteilig sind mehr oder weniger senkrechte Mauern. Hier werden die ankommenden Wellen zum See hin reflektiert oder sie wandern parallel zum Ufer an den Mauern entlang. Dort, wo die Mauer endet und in das natürliche Ufer übergeht, entfalten sie dann ihre gesamte Kraft – das Ufer wird an dieser Stelle weitaus stärker abgetragen, als dies natürlicherweise der Fall wäre. Dabei haben Untersuchungen gezeigt, dass die Auswirkungen auf die benachbarten natürlichen Uferzonen umso größer sind, je länger und massiver die Mauern sind.

Doch auch die von Wind und Wellen verursachten Strömungsverhältnisse haben sich geändert, seit der Mensch die Ufer nach seinen Vorstellungen gestaltet hat. In der Regel verlaufen die Strömungen unter natürlichen Bedingungen mit moderater Geschwindigkeit parallel zum Ufer. In Bereichen mit massiver Uferverbauung jedoch erreichen sie eine erheblich höhere Geschwindigkeit als in Flachwasserzonen mit natürlichem Ufer. Und in Häfen sowie in der Nähe von Stegen und Molen werden die natürlichen Strömungen so umgelenkt, dass Verlandungs- und Verschlammungszonen entstehen. Diese behindern nicht nur die Schifffahrt, sondern stellen auch ein ästhetisches Problem dar, weil sie leicht veralgen und verkrauten.

Massive Ufermauern, wie sie in der Vergangenheit an zahlreichen Stellen des Bodensees errichtet wurden, beeinträchtigen den Lebensraum Ufer massiv.

Freitzeiteinrichtungen nehmen auch auf der schweizerischen Seeseite weite Strecken des Ufers ein.

kürzeren, in Richtung Rot gehenden Wellenlängen des Lichts sozusagen verschlungen werden – und dann nur die längsten sichtbaren Wellenlängen übrig bleiben, also der Blaubereich. Der türkise Farbstich wird übrigens von Schwebstoffen verursacht. Ganz typisch lässt sich dies bei manchen intensiv türkisfarbenen Gebirgsseen beobachten, bei denen das zufließende Gletscherwasser reichlich Schwebstoffe – die sogenannte Gletschermilch – in den See schwemmt.

Die Halde

Im Bodensee ist die Halde derjenige Bereich, welcher zwischen der Flachwasserzone und dem tiefen Seeboden liegt. In weiten Teilen des Sees fällt sie typischerweise ziemlich steil in die Tiefe ab. Neben der mehr oder weniger hangartig abfallenden Halde gibt es im Bodensee auch richtige Steilwände, die oft bis in sehr große Tiefe beinahe senkrecht nach unten führen. Im Überlinger See finden sich solche Steilhänge sowohl in der Nähe von Wallhausen als auch vor dem Überlinger Campingplatz. Zum Teil weisen diese Felswände höhlenartige

Oben: Wenn das Wasser im Uferbereich durch Wind stark aufgewühlt ist, lässt sich die Halde am besten erkennen, weil sich dort die Wasserfarbe von braungrün in grünblau ändert.

Rechts: Der Teufelstisch, eine steil aufragende Felsnadel im Überlinger See bei Wallhausen, wird nur bei Niedrigwasser sichtbar.

Der Teufelstisch

Es muss schon sehr wenig Wasser im Bodensee sein, damit eine ganz besondere Felsformation ans Tageslicht kommt: der Teufelstisch bei Wallhausen am Bodanrück. Erst bei einem Pegelstand von 2,37 Metern, gemessen in Konstanz, taucht das im Durchmesser etwa 20 Meter große Plateau aus dem Wasser auf. Es ist die Spitze einer faszinierenden Felsformation, die etwa 90 Meter weit nahezu senkrecht in die Tiefe des Sees abfällt. Ein Seezeichen mit der Nummer 22 krönt den Teufelstisch, der den oberen Teil einer Felsnadel darstellt. Diese nur wenige Meter dicke Säule steht zunächst völlig frei im Wasser, bis sie in einer Tiefe von etwa 30 Metern mit der landseitigen Ufersteilwand verschmilzt. Danach reicht sie noch einmal rund 60 Meter steil in

die Tiefe. Wenig verwunderlich ist, dass diese bizarre Steinformation für Taucher eine besondere Attraktion darstellt. Wegen zahlreicher schwerer Unfälle wurde allerdings das Tauchen in weitem Umkreis verboten, wobei Ausnahmegenehmigungen im Einzelfall möglich sind.

Einbuchtungen auf. Ihre Abbruchkante befindet sich oft überraschend nah am Ufer, sodass für einen unvorbereiteten Taucher regelrecht Absturzgefahr besteht.

Die Tiefenwasserzone

Profund kommt aus dem Lateinischen und bedeutet tief, aber auch tiefgründig und gründlich. Dementsprechend bezeichnen die Seenfachleute mit dem Begriff Profundal den Lebensbereich in der Tiefe eines Sees. Er schließt sich an die flache Uferzone, das Litoral an. Die Grenze zwischen den beiden Gewässerzonen bildet diejenige Gewässertiefe, bei der das Licht für die meisten pflanzlichen Organismen – vorwiegend pflanzliches Plankton – nicht mehr für die Photosynthese ausreicht.

Darunter wird es schnell völlig dunkel, für Taucher wie für Pflanzen. Hier können nur noch solche Organismen leben, die organisches Material abbauen, also die von oben herunterrieselnden Tier- und Pflanzenreste zersetzen. Dabei ist die Zusammensetzung der bodenlebenden Tierwelt ganz wesentlich vom Sauerstoff geprägt: Ohne dieses lebenswichtige Gas können neben ganz bestimmten Mikroorganismen nur noch wenige Tiere zeitweise überleben, manche Würmer beispielsweise oder bestimmte Insektenlarven. Am Bodensee ist von Natur aus auch im Wasser des Profundals das ganze Jahr über Sauerstoff enthalten – und wegen der intensiven Reinhaltemaßnahmen der vergangenen Jahrzehnte ist dies bis heute so

geblieben. Deswegen wagen sich auch Fische wie zum Beispiel Barsche bis in die größten Seetiefen vor.

Der Seeboden

Der Seegrund dient zum einen als Lebensraum für eine an die dortigen Lebensbedingungen speziell angepasste Lebensgemeinschaft, Benthos genannt. Zum anderen laufen an der Grenzschicht zwischen Wasser und Seeboden zahlreiche physikalische, chemische und biologische Prozesse ab, ohne die beispielsweise das Recycling von Phosphor und anderen Nährstoffen nicht möglich wäre (siehe S. 62). Darüber hinaus stellt der Seeboden sozusagen das »Gedächtnis« eines Sees dar: Die Sedimente geben durch ihre Beschaffenheit und Schichtung Auskunft sowohl über die Entstehung des Sees als auch über die früheren und aktuellen Umweltbedingungen (siehe S. 88).

Die Freiwasserzone

Die Freiwasserzone macht den größten Anteil des Seevolumens aus. Rund 85 Prozent der Gesamtfläche überspannt dieser Bereich mit einer Wassertiefe von mehr als 10 Metern. Entscheidend für dieses Kompartiment ist seine vertikal und jahreszeitlich gegliederte Strukturierung: Am Seeboden ist das Wasser ganzjährig kalt, im Sommer dagegen oben warm. Im freien Wasser spielen sich zahlreiche chemische und physikalische Vorgänge ab, die das Ökosystem See entscheidend prägen.

Links: Weltkulturerbe: die
Georgskirche in Oberzell auf
der Insel Reichenau.

Oben: Die Insel Lindau, vom
Zeppelin aus gesehen.

Unten: Eine der drei großen
Inseln im See: die Blumeninsel
Mainau.

Die Inseln

Drei größere Inseln gibt es im Bodensee.
Mit 4,28 Quadratkilometern die größte
ist die »Kultur- und Gemüseinsel«
Reichenau im Untersee. Insbesondere
wegen ihres im Jahr 724 gegründeten
Klosters und der drei mittelalterlichen
Kirchen wurde sie im Jahr 2000 als
Weltkulturerbe ausgewiesen. Ihr mildes
Klima mitten im See prädestiniert die
Reichenau für den intensiven Gemüse-
anbau, der vor allem in großen Ge-
wächshäusern durchgeführt wird.
Verbunden ist die Insel mit dem Festland
durch einen von Bäumen gesäumten
künstlichen Damm, der beim legendären Pfingsthochwasser 1999 wochenlang unter Wasser stand. Für überwinternde Wasservögel ist insbesondere die
flache Bucht zwischen Reichenaudamm
und dem östlich davon gelegenen Wollmatinger Ried ein wahres Eldorado.

Deutlich kleiner ist mit 44 Hektar die
nicht weit entfernte, aber im Überlinger
See gelegene »Blumen- und Tourismus-
insel« Mainau. Der Park der schwedi-
schen Grafenfamilie Bernadotte zieht
jährlich rund 1,5 Millionen Zuschauer
an – in guten Jahren waren es auch schon
mehr als zwei Millionen. Etwa gleich
groß ist mit 53 Hektar die Insel Lindau.
Sie beherbergt die malerische Altstadt
der bayerischen Bodenseestadt und zieht
ebenfalls viele Touristen an.

Daneben gibt es auch noch eine ganze Reihe kleinerer, weniger bekannter Inseln. Die größte davon ist die Konstanzer Insel, die einen Umfang von etwa 600 Metern und eine Fläche von 2 Hektar hat. In der Nähe des Ausflusses im Untersee bei Stein am Rhein liegen drei kleine Inseln namens »Im Werd« und nicht weit von Lindau die Insel Hoy. Westlich der Mainau ragt noch die sogenannte »Liebesinsel« aus dem Wasser. Schließlich gibt es noch zwei kleinere Inseln vor dem Wollmatinger Ried. Insbesondere bei winterlichem Niedrigwasser bilden sich darüber hinaus Sandbänke und Miniinseln beispielsweise im Rheindelta und am Untersee vor dem Städtchen Moos – wobei diese Inseln wichtige Übernachtungsrefugien für überwinternde Vögel wie beispielsweise Brachvögel sind.

Zu- und Abflüsse: die Wasserbilanz

Es war ein denkwürdiges Ereignis in Vorarlberg: Seit Freitag, dem 19. August 2005, hatte es überall im Land geregnet. Am darauf folgenden Montag und Dienstag, dem 22. und 23. August, öffnete der Himmel dann so richtig seine Schleusen. Ein Adriatief, von den Meteorologen Vb-Wetterlage genannt (siehe S. 151), hatte über dem Golf von Genua mächtig Wasser getankt und sich dann über die Alpen nach Norden auf den Weg gemacht. Dabei lud es besonders in Vorarlberg Regen in unglaublichen Mengen ab: Die 24-Stunden-Werte lagen bei 50 bis 240 Millimetern Niederschlag. Bäche

und Flüsse traten reihenweise über die Ufer, entsprechend groß waren die Schäden durch Niederschläge, Muren und Hochwasser.

Auch der Bodensee bekam die extremen Regenmassen zu spüren: Die Fluten aus der Bregenzer Ach, aber auch aus dem Alpenrhein und der Argen führten zu einem neuen 24-Stunden-Rekord beim Anstieg des Bodensee-Wasserstandes im Obersee: Vom 22. August 2005, 19 Uhr, bis um 19 Uhr des folgenden Tages erhöhte sich der Wasserstand um 55 Zentimeter von 335 auf 390 Zentimeter am Pegel Konstanz. Damit war der bisherige Anstiegsrekord vom Mai 1999 zu Beginn des legendären Pfingsthochwassers um 10 Zentimeter übertroffen. Der Nettozufluss von 259 Millionen Kubikmeter entsprach der 1,5-fachen Menge, die dem See jährlich zur Trinkwassergewinnung entnommen wird. Da der Wasserspiegel jedoch insgesamt niedrig lag, kam es glücklicherweise zu keinen Überschwemmungen. Und bereits nach vier Wochen war der Pegel wieder auf sein altes Niveau gesunken.

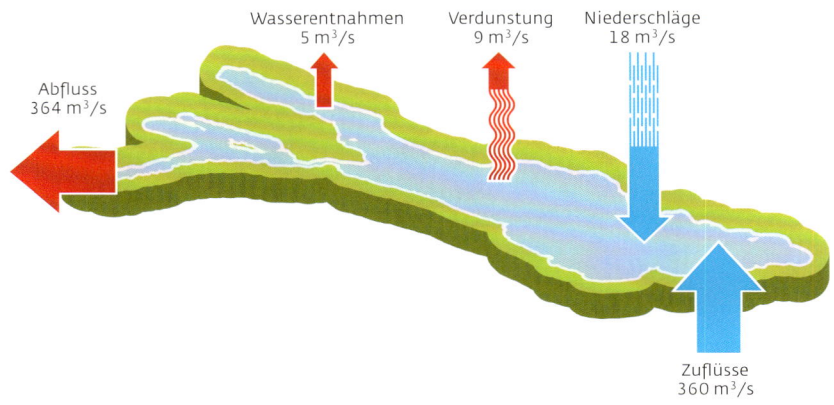

Der Mündungbereich der Zuflüsse in den See ist ein attraktiver Lebensraum.

Das »Blitzhochwasser« vom August 2005 zeigt deutlich, wie sehr die Zuflüsse in das Wasserregime des Bodensees eingreifen können. Mehr als 200 Flüsse, Bäche und Gräben münden direkt in den See. Allein der Alpenrhein liefert dabei knapp zwei Drittel des zufließenden Wassers. Daher machen sich heftige Gewitterstürme und Dauerregenperioden im Alpenraum am stärksten bemerkbar. Aber auch wenn es im Allgäu in Strömen gießt, kann dies der Bodensee mit Macht zu spüren bekommen – wie beim Pfingsthochwasser 1999, das dem See den seit 1890 höchsten Wasserstand bescherte. Für dieses Hochwasser sorgten damals sintflutartige Regenfälle im nördlichen Alpenvorland in Verbindung mit der Schneeschmelze in den Alpen.

Auf der anderen Seite des Skala stehen die extremen Niedrigwasserstände wie beispielsweise im Winter 2005/2006. Im Februar 2006 war der Seespiegel auf nur noch 2,33 Meter gesunken, gemessen am Konstanzer Pegel. Zur absoluten Niedrigmarke von 1858 – sie lag damals bei 2,26 Meter – fehlte also nicht mehr viel. Somit schwankte der Seespiegel in jüngster Zeit ziemlich stark, was vielleicht mit der Klimaerwärmung zusammenhängen könnte (siehe S. 145).

Eine Funktion des Bodensees könnte im Zuge der Klimaerwärmung mit ihren zunehmenden heftigen Niederschlagsereignissen aber immer wichtiger werden: seine Wirkung als natürlicher Hochwasserspeicher. Selbst ein massiver Anstieg im Zustrom wirkt sich nur sehr gedämpft am Abfluss aus. So kann der See etwa 5,4 Millionen Kubikmeter aufnehmen, wenn der Wasserspiegel um einen Zentimeter steigt. Dadurch erhöht sich der Abfluss aber nur um 2 bis 3 Kubikmeter pro Sekunde. Ein Beispiel vom Juli 1987: Damals strömten bei einem Hochwasser via Alpenrhein kurzfristig 2800 Kubikmeter in der Sekunde in den Bodensee. Mit entsprechender Verzögerung flossen aber nur knapp 200 Kubikmeter pro Sekunde am Rhein ab. Die Hochwasserspitze wurde also durch die Rückhaltewirkung des Seebeckens auf weniger als ein Zehntel verringert.

Will man eine vollständige Wasserbilanz erstellen, dann sind auf der Habenseite zunächst die durchschnittlichen Wassermengen aller Zuflüsse zu addieren. In der Periode von 1887 bis 1987 waren dies 10,95 Kubikkilometer im Jahr, also knapp 11 Billionen Liter. Hinzu kommen mit 0,45 Kubikkilometern diejenigen Niederschläge, welche direkt auf die

Seefläche fallen. Dem steht das Wasser gegenüber, das den See verlässt: 10,98 Kubikkilometer fließen über den Rhein ab, 0,29 Kubikkilometer verdunsten von der Seeoberfläche und 0,17 Kubikkilometer, also 170 Millionen Kubikmeter, werden dem See als Trinkwasser für die Versorgung von Menschen außerhalb des Einzugsgebietes entnommen und damit dem See dauerhaft entzogen – etwa 130 Millionen Kubikmeter durch die Bodensee-Wasserversorgung. Verdunstung und Wasserentnahme ent-sprechen also ungefähr der jährlichen Niederschlagsmenge, die auf die Seefläche fällt.

Die Vorhersage der Wasserstände

Nach dem Pfingsthochwasser 1999 haben die Anrainerstaaten beschlossen, in einer gemeinsamen Aktion ein Vorhersagemodell für den Wasserstand des Bodensees zu entwickeln. Die wichtigsten »Zutaten« für das Modell, das an der baden-württembergischen Hochwasservorhersagezentrale (HVZ) in Karlsruhe ausgearbeitet wurde, sind schnell aufgezählt: Man messe möglichst oft und kleinräumig die Niederschlagsmenge, lese regelmäßig die Pegel der Flüsse ab, speise detaillierte Informationen über die Beschaffenheit der Einzugsgebiete ein, nehme die Niederschlagsvorhersage des Wetterdienstes für die nächsten 24 Stunden dazu, schicke die Informationen mit Hilfe eines entsprechenden Programmes durch einen leistungsfähigen Rechner und, voilà, dieser spuckt dann das Ergebnis aus.

So einfach sich dieses »Rezept« anhört, in der Praxis bedeutete seine Realisierung einen erheblichen Aufwand für die Messungen – und viel Arbeit für die Entwicklung der nötigen Rechenmodelle. Doch inzwischen erledigt der Computer den größten Teil der Datenaufnahme. So fragt er bei den automatischen Messstationen die Niederschlagsmenge ab. Diese wird gewichtsmäßig erfasst: Der Regen fällt in einen Topf, der auf einer Waage steht. Auch die Pegel der wichtigsten Zuflüsse werden automatisch abgelesen. Hinzu kommt die Vorhersage der Niederschläge durch den Deutschen Wetterdienst.

Seit August 2006 läuft die Wasserstandsvorhersage nun im täglichen Routinebetrieb – das Ergebnis wird für jedermann einsehbar im Internet veröffentlicht. Dass die Prognose sowohl von Hochwasserereignissen als auch von Niedrigwasserständen ausgereift ist und gute Werte liefert, zeigte sich bei einer Überprüfung im Jahr 2007. Damals wurden mit Hilfe der Modelle nachträglich Vorhersageberechnungen der Hochwasserereignisse 1999 und 2005 sowie der sehr niedrigen Wasserstände im Jahr 2006 durchgeführt – die Prognosen stimmten gut mit den tatsächlichen Werten überein.

Der Rheinbrech: Hier versinkt deutlich sichtbar das hellgrau gefärbte Flusswasser des Rheins im Bodensee.

Das Rheindelta: ein Fluss im See

Es ist schon ein merkwürdiger Anblick, wenn man sich am Südostende des Bodensees mit dem Boot dem Ufer nähert: Schlagartig wird das klare, bei schönem Wetter wunderbar blaue Seewasser trübe. Richtige Wasserwolken gibt es – wie wenn eine Riesenhand hellbeige Farbe in den See gegossen hätte. Wenn man dann vom Schiff aus Messsonden in die Tiefe absenkt, kann man anhand der Parameter Temperatur, Leitfähigkeit, pH-Wert und Sauerstoff deutlich ablesen, wann sich die Sonden im Bodenseewasser und wann im Rheinwasser befinden. Das Flusswasser ist kühler, sauerstoffreicher und weist wegen der vielen Inhaltsstoffe eine höhere Leitfähigkeit und eine größere Dichte als das Seewasser auf.

»Rheinbrech« heißt diese Stelle, an welcher der Alpenrhein mit seinem sedimenthaltigen Wasser in den Bodensee fließt. Schon im 4. Jahrhundert nach Christus hat der bereits erwähnte römische Geschichtsschreiber Ammianus Marcellinus als feinsinniger Beobachter die typischen Eigenschaften der Rheinmündung geschildert: »Besonders merkwürdig ist es, dass der See trotz des schnell hindurchfließenden Wassers unbewegt bleibt und der Fluss durch den sumpfigen Untergrund nicht gehemmt wird und dass sich die zusammengeströmte Wassermenge nicht zu vermischen vermag. Wenn man dies nicht selbst mit eigenen Augen sähe, würde man glauben, sie seien mit keiner Gewalt auseinander zu halten.«

Noch weitaus besser als Marcellinus sieht man heute von der Luft aus, wie der »Neue Rhein« als breiter Kanal in den See mündet und wie sich dann die »Rhein-Schlammwolke« scheinbar im See auflöst. In Wirklichkeit versinkt er in der Tiefe und lässt sich noch weit im See nachweisen. Dabei sollen die beiden parallel verlaufenden, s-förmigen Dämme die vom Rhein transportierten riesigen Wasser- und Sedimentmengen so in den See lenken, dass der Rhein nicht mehr wie früher sein Mündungsgebiet ständig zuschüttet. Das ist in einem Flussdelta zwar ein höchst natürlicher Vorgang, doch in unserer modernen Industriegesellschaft nicht mehr erwünscht. Und so wird ständig gebaggert und an dem Korsett des Alpenrheins gearbeitet, damit der Fluss sein Wasser in geordneten Bahnen so störungsfrei wie möglich weit in den See transportieren kann.

Den Ökologen ist diese Dauerbaustelle im wertvollen Mündungsgebiet naturgemäß ein Dorn im Auge. Dennoch sind die Flächen im Hinterland des Deltas sowie im Mündungsbereich nach wie vor wichtige Rückzugsgebiete für mittlerweile selten gewordene Tiere und Pflanzen. Und so finden sich beispielsweise in den abgedämmten Bereichen und in der benachbarten Fußacher Bucht im Winter massenweise Wasservögel aller Art ein – zur Freude der Vogelkundler, die hier regelmäßig auf Beobachtungstour gehen.

Die Internationale Rheinregulierung

Es ist schon sehr ungewöhnlich, dass man entlang eines großen Flusses in einen See hinauswandern kann. Am Bodensee geht das: Dort wird seit Jahrzehnten die Mündung des Alpenrheins immer weiter in den See hinaus gebaut. Den Anlass für dieses Jahrhundertbauwerk bildeten verheerende Überschwemmungen im 19. Jahrhundert. Jedes Mal, wenn der Rhein wieder über die Ufer getreten war und große Schäden angerichtet hatte, diskutierten die Anrainerstaaten Schweiz und Österreich über Schutzmaßnahmen.

Doch die Verhandlungen zogen sich fast 50 Jahre hin, bis es nach den katastrophalen Hochwasserereignissen im September 1888 und Ende August 1890 endlich im Jahr 1892 so weit war: Mit einem Staatsvertrag zwischen den beiden Ländern wurde die Internationale Rheinregulierung (IRR) ins Leben gerufen. Sie regelte zunächst Umbau und Verkürzung der »Internationalen Rheinstrecke« zwischen der Illmündung und dem Bodensee. Später einigte man sich dann noch auf die Weiterführung des Rheinkanals in den See hinaus, die sogenannte Vorstreckung.

Nachdem die Rheinmündung im Jahr 1900 von Rheineck um etwa 12 Kilometer nach Osten in die Harder und Fußacher Bucht verlegt worden war, führte dies dort alsbald zu umfangreichen Ablagerungen der Schwebstoffe, die der Fluss herantransportiert hatte. Seit 1911 wird daher etwa alle zehn Jahre der südöstliche Teil des Bodensees vermessen. So will man die von den dortigen Zuflüssen verursachten Ablagerungen im Bodensee dokumentieren und mengenmäßig erfassen.

Um zu verhindern, dass die beiden Buchten in der Umgebung der Mündung des Neuen Rheines verlanden, wurde der Rhein über Jahre hinweg immer weiter in den See hinausgeleitet, also vorgestreckt. Heute fließt er in seiner von Hochwasserdämmen begleiteten Rinne knapp 5 Kilometer weit sozusagen direkt im Bodensee bis zur Halde, dem steil abfallenden Ende des Flachwasserbereichs. Unumstritten ist die millionenteure Rheinregulierung samt Vorstreckung allerdings nicht, stellt sie doch einen erheblichen ökologischen Eingriff sowohl in das Auensystem des Rheins als auch in das Mündungsgebiet im Bodensee dar.

Gleichwohl ist sie im Sinne der Wasserbauingenieure erfolgreich. Durch den schnelleren Abfluss und die verschiedenen Bauwerke ist die Hochwassergefahr deutlich gesunken. Auch die Verlandung der Fußacher und Harder Bucht ist zum Stillstand gekommen. So wurde bei der Vermessung im Jahr 2008 festgestellt, dass sich im Vergleich zu der davor erfolgten Seegrundaufnahme im Frühjahr 1999 insgesamt 17 Millionen Kubikmeter Schlammmaterial mehr im Mündungsbereich von Rhein, Bregenzerach und Dornbirnerach abgelagert hatten – pro Jahr also etwa 1,8 Millionen Kubikmeter Material. Dabei wurden in der Fußacher Bucht und in den Flachwasserbereichen vor dem Rohrspitz und vor Hard keine neuen Sedimentauflagen festgestellt. Wie von den Ingenieuren vorgesehen, verhindert hier also die kanalartige Einleitung des Rheins weit in den See hinaus offenbar eine weitere Verlandung.

Die Rheinvorstreckung: In dem Luftbild, das um die Jahrtausendwende aufgenommen wurde, ist deutlich zu sehen, wie der Rheinkanal in den Bodensee hinausgebaut wird.

Echolotaufnahme eines
Canyons mit mäandrierendem
Verlauf im östlichen Bodensee.

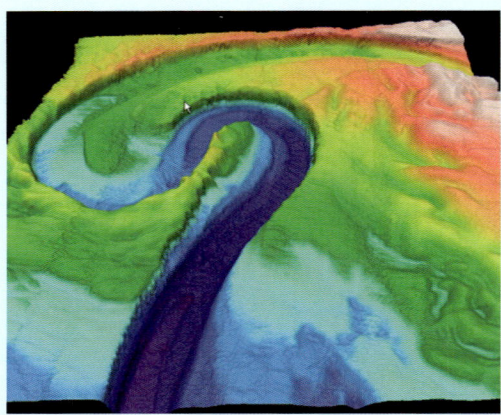

Canyons der Tiefe

Nach der Mündung löst sich der Rhein im See auf –
allerdings nur scheinbar. Wie Messungen zeigen,
schichtet sich das Rheinwasser in Abhängigkeit
von Temperatur und Schwebstofflast in unterschiedlichen Tiefen im See ein. Vor allem breitet
es sich in Richtung des Nordufers aus. Die Folgen
der vorherrschenden Strömung bekommt vor
allem bei Hochwasser das bayerische und würt-
tembergische Ufer bis nach Langenargen und
noch weiter zu spüren, wenn dort große Mengen

Treibholz aus den Alpen anlanden (siehe S. 132).
Der Rhein dokumentiert seine Tätigkeit aber
noch an einer ganz anderen Stelle: in der Tiefe
des Bodensees. Wenn man den Seeboden vor
der Mündung des Alten Rheins mit Unterwasserkamera und Echolot inspiziert, stößt man auf
beeindruckende Canyons. Urplötzlich geht es
steil in tief eingegrabenen Rinnen hinab. Diese
Strukturen entstanden als Folge von Schlamm-
strömen, die vor der Rheinregulierung wie
Muren im Gebirge die Halde des Bodensees hin-
abgeströmt sind. Solche als Turbidite bezeichneten Trübeströme hobeln regelrechte Rinnen
in den Seeboden. Sie können zum Beispiel in der
Folge von Hochwasserereignissen auftreten,
wenn die in den See strömenden Wassermassen
Teile des Deltas erodieren und in die Tiefe reißen.
Vor der neuen Rheinmündung ist noch keine
solche ausgeprägte Rinne entstanden. Verwunderlich ist das nicht, hat sich doch in den vergangenen Jahren durch die Rheinvorstreckung
der Verlauf der Mündung stetig verändert,
wodurch sich auch noch kein neues typisches
Delta mit instabilen Ablagerungen bilden
konnte.

Gedankenspiele: Soll der See-
spiegel reguliert werden?

Zugegeben, die Vorstellung ist beeindruckend: Könnte man bei einem Hochwasser im Rhein das Wasser im Bodensee
zurückhalten, dann ließe sich so pro
Zentimeter höherem Seespiegel ein
Rückhaltevolumen von mehr als 5 Millionen Kubikmeter Wasser erzielen
(siehe S. 40). Umgekehrt wäre den See-

anliegern im Hochwasserfall geholfen,
wenn man in dieser Zeit mehr Wasser als
heute von Natur aus möglich den Rhein
hinabfließen lassen könnte. Seeregulie-
rung nennen die Bauingenieure einen
solchen Eingriff.
Schon seit mehr als hundert Jahren spukt
eine solche technische Lösung in den
Köpfen der Wasserbauer herum. Das
sahen sie, zumindest früher, auch als

ihre ureigene Aufgabe an – die Natur dem Menschen untertan zu machen. Und so planten vor allem die Schweizer bereits frühzeitig nach Kräften an einer Bodenseeregulierung. So hatte 1926 das Eidgenössische Amt für Wasserwirtschaft ein umfassendes Projekt zusammengestellt, das ab November 1933 mit Deutschland und Österreich verhandelt werden sollte. Doch dann kam der Krieg dazwischen und die Pläne wurden auf Eis gelegt. So wurden erst 1968 erneut Verhandlungen zwischen den Anliegerstaaten geführt, was schließlich 1973 zu einem weiteren Bericht des Eidgenössischen Amtes für Wasserwirtschaft über das Projekt führte.

Um den Bodensee zu regulieren, wäre jedoch mehr als eine bloße Mauer mit variablem Durchlass im Abfluss erforderlich. Notwendig wäre eine anschließende Vertiefung des Rheins auf einer Länge von etwa 10 Kilometern. Hinzu käme der Bau eines Regulierwehres mit Schleuse zwischen Hemishofen und Rheinklingen. Ein solcher Eingriff wäre aber wegen seiner Größenordnung nicht nur ziemlich kostspielig, sondern ließe sich heutzutage – wenn überhaupt – wegen der zu erwartenden Widerstände nur mit einem riesigen politischen Aufwand durchführen.

Denn Widerstand vor allem von den Naturschützern wäre programmiert: Da mit der Regulierung erhebliche Folgen für die komplexen ökologischen Bedingungen am See verbunden sind, wäre ohne Frage eine Umweltverträglichkeitsprüfung erforderlich. Bei einer solchen Prüfung würden nicht nur die gravierenden ökologischen Nachteile etwa für die Schilfgebiete zur Sprache kommen, sondern es müsste auch eine kritische Kosten-Nutzen-Rechnung aufgestellt werden. Dies aber würde schnell den sehr begrenzten wirtschaftlichen Nutzen dieses Eingriffs selbst beim Hochwasserschutz aufzeigen. So könnte man zum einen bei Überflutungen am Bodensee in der Regel nicht beliebig viel Wasser rheinabwärts fließen lassen, weil es dann dort zu Problemen käme. Andererseits ließe sich mit dem Rückhalten von Wasser im Bodensee für den Rhein nur ein sehr begrenzter Nutzen erzielen, weil zum einen das meiste Wasser aus der Aare kommt und zum anderen die Fließstrecke bis nach Mannheim oder gar Köln viel zu lang ist für ein halbwegs sinnvolles Hochwassermanagement am Bodensee.

Die fehlende Notwendigkeit und die absehbaren ökologischen Probleme sorgen mithin dafür, dass eine Bodenseeregulierung heute allgemein auf Ablehnung stößt. Besonders augenfällig wurde dies im Jahr 1973: Bei einer im Kanton Thurgau durchgeführten Volksabstimmung wurde damals die Kantonsregierung durch einen Verfassungszusatz verpflichtet, sich gegen die Bodenseeregulierung zu wenden.

Wie intensiv der Bodensee
genutzt wird – wie hier bei
Immenstaad –, sieht man am
besten aus der Luft.

DIE BESCHAFFENHEIT DES SEES

~ ~

Der Stoffhaushalt des Bodensees

Wasser: eine ganz besondere Flüssigkeit

H_2O – da werden Erinnerungen an den Chemieunterricht in der Schule wach: Das ist doch die Formel für Wasser, zwei Wasserstoffatome und ein Sauerstoffatom. Und die sind auf ganz bestimmte Weise miteinander verbunden: Vom Sauerstoffatom in der Mitte ragen die beiden angebundenen Wasserstoffatome wie nach oben gestreckte Ärmchen weg, nämlich in einem Winkel von etwa 104 Grad. Zudem sind die einzelnen Wassermoleküle auf raffinierte Weise untereinander vernetzt: mit sogenannten Wasserstoffbrückenbindungen. Diese entstehen dadurch, dass sich die positiven Ladungen der Wasserstoffatome und die negativen Ladungen der Sauerstoffatome benachbarter Wassermoleküle anziehen.

Dieser Aufbau ist für die einzigartigen physikalischen und chemischen Eigenschaften des Wassers verantwortlich – und sorgt damit auch dafür, dass sich die Seen zu einem ganz besonderen Lebensraum entwickeln konnten. Gäbe es zum Beispiel die Wasserstoffbrückenbindungen nicht, dann würde Wasser bei

–90 Grad schmelzen und bei –80 Grad verdampfen. Ohne diese Brückenbindungen könnte auch kein Wassertropfen auf einer heißen Herdplatte tanzen und kein Wasserläufer über die Oberfläche eines Sees huschen: Dies wird nur durch die Oberflächenspannung des Wasser möglich. Und ohne die Dichteanomalie genannte Eigenschaft des Wassers würden die Seen nicht von oben, sondern von unten her zufrieren. Wer weiß, vielleicht würde sich dann ein dauerhafter Eisbrocken in der Tiefe des Bodensees halten können.

Diese speziellen Eigenschaften des Wassers sind so wichtig, dass es sich lohnt, die zugrunde liegenden physikalischen und chemischen Gegebenheiten genauer unter die Lupe zu nehmen. So ist im Eiskristall, also dem festen Aggregatzustand des Wassers, jedes Wassermolekül mit vier benachbarten Kollegen über die besagten Wasserstoffbrücken verbunden – ein regelmäßiges Kristallgitter ist die Folge. Wird es nun wärmer, dann kommt Bewegung in den Eiskristall: Die Brückenbindungen lösen sich und bilden sich an anderer Stelle neu, und zwar umso leichter und häufiger, je wärmer

Der Westteil des Bodensees mit dem Überlinger See im Vordergrund, dahinter der Untersee mit der Insel Reichenau (links) und der Halbinsel Mettnau (rechts).

es wird. Weil die entstehenden Bruchstücke die Zwischenräume in dem schmelzenden Eiskristallgitter füllen, wird das Ganze sozusagen enger gepackt – und damit dichter. Mit steigender Temperatur nimmt also die Dichte zu, aber nur bis zum Maximum von 3,98 Grad Celsius. Das ist sie also, die berühmte Dichteanomalie des Wassers: Nicht wie sonst üblich im festen Aggregatzustand hat dieser Stoff seine größte Dichte, sondern bei etwa 4 Grad.

Wird das Wasser noch wärmer, gewinnt ein anderer Effekt die Oberhand: Die Bewegung der Moleküle wird immer stärker, was zu einer größeren Distanz der einzelnen Wassermoleküle führt. Das Wasser dehnt sich immer mehr aus und wird dabei leichter. Bei einer Temperatur von mehr als 100 Grad Celsius lösen sich die meisten der Wasserstoffbrücken – das Wasser verdampft.

Die besondere Dichteeigenschaft des Wassers ist aber nicht dafür verantwortlich, dass sich das Eis an der Oberfläche eines Sees bildet und nicht in der Tiefe. Vielmehr bestimmt sie noch erheblich weiter reichend das Leben in einem Stehgewässer. Weil die Dichte mit steigender Temperatur abnimmt, kommt es während der warmen Jahreszeit zu einer ausgeprägten Schichtung im See: oben leichteres warmes, unten schwereres kaltes Wasser (siehe S. 52). Im Winter ist es dann insbesondere bei kleineren Seen umgekehrt: oben Wasser, das kälter ist als vier Grad und damit leichter als das wärmere Wasser darunter – wobei sich die Temperaturunterschiede dann nur

in dem engen Bereich zwischen 0 und 4 Grad abspielen.

Will man insbesondere die recht stabile sommerliche Schichtung mischen, ist ein beachtlicher Energieeintrag erforderlich, beispielsweise durch einen Sturm. Allerdings hat diese Durchmischung ihre Grenzen, weil das Wasser mit ansteigender Temperatur nicht gleichförmig leichter wird. So ist rund 30-mal mehr Energie nötig, um zwei Wasserschichten von 24 und 25 Grad zu mischen, als für die Mischung zweier Schichten von 4 und 5 Grad. Ein Sturm gleicher Intensität kann also den Bodensee im Frühjahr und Herbst viel leichter und bis in viel größere Tiefen durchmischen als im Sommer.

Darüber hinaus wird die Dichte des Wassers noch von zwei weiteren Faktoren beeinflusst. So wird zum einen das Wasser umso schwerer, je mehr Salze in ihm gelöst sind. Für den Bodensee spielt das keine Rolle, wohl aber für Meerwasser. Dieses hat bei 3,98 Grad Celsius nicht die Dichte 1,000 Kilogramm pro Liter, sondern wiegt pro Liter bereits 1,028 Kilogramm. Zum anderen sinkt mit der Tiefe der Temperaturpunkt, bei dem das Wasser seine größte Dichte hat: pro 100 Meter um 0,1 Grad. Am Bodensee mit seinen 254 Metern Maximaltiefe macht sich dieser Zusammenhang bereits bemerkbar.

Für die im Bodensee lebenden Tiere und Algen sind schließlich noch zwei weitere mit der Dichte zusammenhängende Eigenschaften des Wassers von großer Bedeutung: Der Auftrieb und die Visko-

Mit der Multimesssonde lassen sich verschiedene Messgrößen – Temperatur, Sauerstoff, Leitfähigkeit, pH-Wert und teilweise auch Chlorophyll-a-Gehalt – direkt vor Ort in den verschiedenen Tiefen des Sees erfassen.

sität, also die Zähigkeit des Wassers. Der Auftrieb erlaubt es den Wasserorganismen, ohne großen Kraftaufwand im Wasser sozusagen frei zu schweben. Fische können dies mit ihrer Schwimmblase erreichen, manche Planktonalgen mit Hilfe von Gasvakuolen oder Fetttröpfchen. Auch die von der Temperatur abhängige Viskosität spielt für die Wasserlebewesen eine wichtige Rolle: Bei 25 Grad sinkt ein Organismus doppelt so schnell ab wie bei 0 Grad – benötigt dafür aber viel weniger Energie, wenn er sich in warmem Wasser aktiv fortbewegen will.

Sauerstoff: das Lebenselixier

Es ist eine alte Weisheit: Ohne Sauerstoff gibt es kein Leben, sieht man einmal von bestimmten Bakterien ab, die auch ohne das für Menschen, Tiere und Pflanzen gleichermaßen lebensnotwendige Elixier auskommen. Wie aber kommt der Sauerstoff ins Wasser? Im Wesentlichen durch zwei Vorgänge: Da ist zum einen der physikalische Eintrag durch Diffusion von der Luft ins Wasser. Massiv beschleunigt wird dieser Vorgang bei einem See durch den Wind. Vor allem die Stürme im Winter, Frühjahr und Herbst sind hier wichtig, weil sie das dann relativ kalte Wasser – das ja nur geringe Dichteunterschiede aufweist (siehe S. 52) – bis in große Tiefen durchmischen können. Damit werden erhebliche Mengen sauerstoffreichen Oberflächenwassers weit in den See hinab transportiert. Auch über sauerstoffreiche kühle Zuflüsse wird das lebens-

wichtige Gas in größere Seetiefen verfrachtet, wobei am Bodensee vor allem der Alpenrhein eine wichtige Rolle spielt.

Der zweite wichtige Sauerstofflieferant ist die Photosynthese der Pflanzen, und zwar sowohl der Wasserpflanzen (Makrophyten) als auch der mikroskopisch kleinen Planktonalgen. Deren Sauerstoffproduktion kann tagsüber so intensiv sein, dass bei ruhigem Wetter mehr Sauerstoff im Wasser gelöst wird als physikalisch möglich ist – dann kommt es zu Übersättigungen. Dabei hängt die Menge des Sauerstoffs, der sich physikalisch im Wasser lösen kann, zum einen vom Luftdruck, zum anderen von der Temperatur ab. Bei 0 Grad kaltem Wasser können sich maximal 14,6 Milligramm je Liter physikalisch lösen – das Wasser ist dann zu 100 Prozent mit Sauerstoff gesättigt. Wenn dagegen 25 Grad warmes Wasser zu 100 Prozent gesättigt ist, enthält es nur noch 8,2 Milligramm je Liter. Zeigt das Messgerät eine höhere Sauerstoffkonzentration an, dann sind mehr als 100 Prozent Sauerstoff gelöst. Vorkommen kann dies, wenn bei Sonnenschein und windstillem Wetter der von den Algen reichlich produzierte »Photosynthese-Sauerstoff« nicht schnell genug durch die Wasseroberfläche hinaus in die Luft diffundieren kann.

Auf der anderen Seite wird der Sauerstoffgehalt eines Sees auch durch den Verbrauch dieses Gases bestimmt, also die Atmung. Doch nicht nur Tiere und Mikroorganismen benötigen Sauerstoff zum Leben, sondern auch Pflanzen. Weil sie das Gas in der Nacht aber nicht durch die Photosynthese selbst produzieren können, kann der Sauerstoffgehalt in einem sehr nährstoffreichen See mit entsprechend hohen Algenkonzentrationen in dieser Zeit – sowie an trüben Tagen – stark sinken. Dann kann es zu erheblichen Untersättigungen, also Defiziten in der Sauerstoffversorgung kommen.

Am relativ nährstoffarmen Bodensee besteht diese Gefahr allerdings nicht. Dafür drohte in den 1970er Jahren, als sich der See massiv mit Nährstoffen anreicherte, ein anderes Problem: Sauerstoffschwund in der Tiefe. Hervorgerufen wird er durch den Abbau abgestorbener Tiere und Pflanzen, die von der lichtdurchfluteten Produktionszone in die Tiefe sinken und dort dann von Mikroorganismen zersetzt werden – wozu diese wiederum Sauerstoff benötigen.

Daher ist es auch für den Bodensee entscheidend, dass in 254 Metern Tiefe noch Sauerstoff enthalten ist, und zwar in ausreichender Menge. Beim Höhepunkt der Eutrophierung in den 70er Jahren war die Gefahr groß, dass der See während der sommerlichen Stagnationsperiode in der Tiefe sauerstofflos werden könnte. Zu Beginn der 1970er Jahre fielen die Werte sogar auf nur noch 2,5 Milligramm pro Liter. Mittlerweile fallen selbst nach längeren Stagnationsperioden (siehe S. 55) die Sauerstoffgehalte nicht unter 6 Milligramm pro Liter.

Kohlendioxid – das andere Lebenselixier

Für Pflanzen ist noch ein anderes Gas lebensnotwendig: Kohlendioxid. Mit Wasser steht es in einem chemischen Gleichgewicht – es bildet Kohlensäure, die allerdings in ein Wasserstoff-Proton und Hydrogencarbonat zerfällt. Die Pflanze nimmt den für ihr Wachstum unerlässlichen Kohlenstoff entweder als Kohlendioxid oder als Hydrogencarbonat auf. Mit Hilfe von Energie aus der Sonne bildet sie daraus zunächst kohlenstoffhaltige Glukose und anschließend Zellulose, die sie in Blätter und Stängel einbaut; den im Kohlendioxid beziehungsweise Hydrogencarbonat enthaltenen Sauerstoff gibt sie an die Umgebung ab – ein Vorgang, der als Photosynthese bekannt ist.

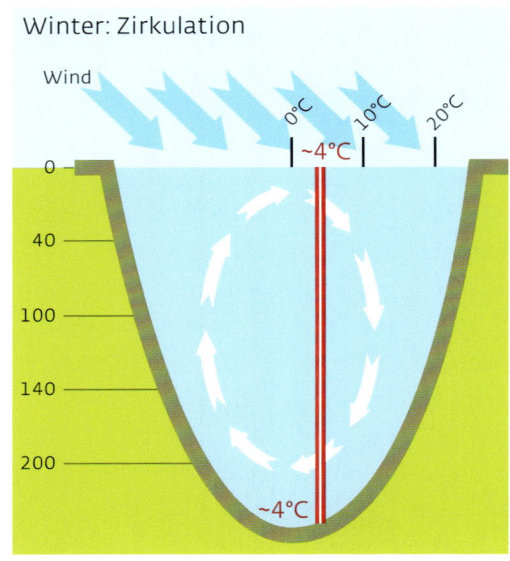

Winter: Zirkulation

Wind

0°C   10°C   20°C

~4°C

~4°C

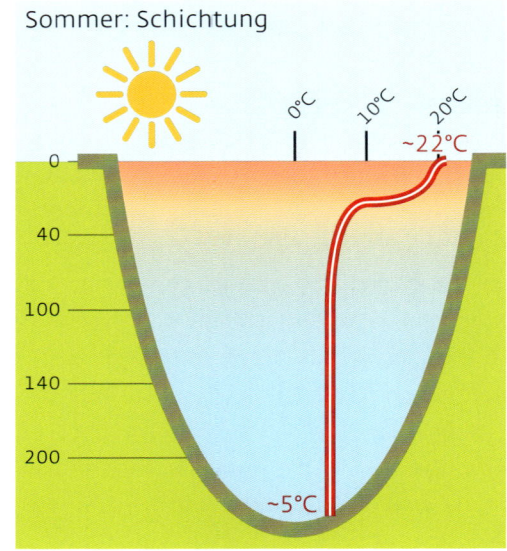

Sommer: Schichtung

0°C   10°C   20°C

~22°C

~5°C

Warm und kalt: der Bodensee im Jahresgang

Wer sich an einem sonnigen Tag im Mai zu einem Bad in einem kleinen See verlocken lässt, wird sie schnell am eigenen Leib erleben: die sogenannte Sprungschicht. Die tagsüber schon recht kräftige Sonne hat die oberflächennahen Wasserschichten auf angenehme Badetemperaturen erwärmt. Darunter jedoch wird es schnell ziemlich kalt – die Sprungschicht macht ihrem Namen alle Ehre. Das ist leicht zu spüren, wenn man die Beine in etwas tiefere Wasserregionen hinunterstreckt.

Doch nicht nur in flachen, auch in jedem tieferen See – und damit auch im Bodensee – gibt es eine solche Region, bei der im Sommerhalbjahr die Temperatur sprungartig fällt. Metalimnion nennen die Seenkundler diese Zwischenschicht, welche die obere Wasserschicht, das Epilimnion, vom lichtlosen Tiefenwasserbezirk trennt, dem Hypolimnion. Pro Meter kann der Temperaturabfall im Metalimnion in einem kleineren oberschwäbischen See durchaus 4 Grad Celsius betragen. Auch beim weitaus größeren Bodensee kann die Sprungschicht recht scharf ausgebildet sein, die Wassertemperatur kann innerhalb von 4 bis 5 Metern durchaus um 8 bis 10 Grad sinken. Manchmal zieht sich das Metalimnion auch in einem ziemlich breiten Band nach unten. Dabei liegt es je nach den vorangegangenen Wetterverhältnissen in unterschiedlicher Tiefe. Senkt man eine Temperatur-Messsonde noch weiter nach unten, dann wird es nur noch langsam kühler, bis schließlich in der Tiefe etwa 4 Grad Celsius erreicht sind, die Temperatur, bei der Wasser seine größte Dichte hat (siehe S. 40). Die Tiefenschicht ist während der Sommer-

Wenn es windstill und kalt
genug ist, friert der See über
Nacht am Ufer zu.

stagnation wegen der dann herrschenden stabilen Schichtung vom oberen Teil des Sees regelrecht abgeschottet.

Ganz anders sieht es im Winterhalbjahr aus, weil dann das gleichmäßig kalte und damit etwa gleich dichte Wasser bis in tiefe Zonen durchmischt werden kann. Kleinere Seen bilden dann im Winter eine inverse Schichtung aus: Oben ist es kälter als unten, und wenn Eisbedeckung herrscht, kann sich eine stabile winterliche Schichtung ausbilden. Solche Seen haben also zwei Stagnationsperioden, eine im Sommer und eine im Winter. Im Frühjahr und Herbst haben sie dann ihre beiden Durchmischungsphasen, sie sind dimiktisch. Der recht flache Gnadensee

beispielsweise, ein Teil des Untersees, weist ein solches Mischungsverhalten auf. Der weitaus tiefere Bodensee-Obersee dagegen hat nur eine Stagnationsperiode im Sommerhalbjahr, während er im Winterhalbjahr seine Zirkulationsphase aufweist – mithin ist er monomiktisch.

Allerdings sind am Obersee nicht jedes Jahr die meteorologischen Voraussetzungen vorhanden, dass sich das Wasser bis zum Seegrund hinab durchmischen kann – also eine Vollzirkulation stattfindet. So braucht der See im Herbst ausreichend Zeit, um sich an der Oberfläche abkühlen zu können – es muss für eine vollständige Durchmischung also schon

Links: Die letzte Seegfrörne
1962/1963: Selbst Autos trug
die Eisdecke des zugefrorenen
Bodensees.

Rechts: Packeis am Bodensee:
Das gab es zum letzten Mal
im harten Winter 1962/1963.

Seegfrörne

Der 12. Februar 1963 war am Bodensee ein ganz
besonderer Tag: Nach 133 Jahren wurde damals
in der berühmten Eisprozession die geschnitzte
Büste des Evangelisten Johannes von Hagnau
am Nordufer des Sees ins gegenüberliegende
schweizerische Münsterlingen quer über den
zugefrorenen Bodensee getragen. Dort darf er
nun in der Pfarrkirche des ehemaligen Benedikti-
nerklosters so lange warten, bis der See wieder
vollständig zufriert – ein im 21. Jahrhundert
umso unwahrscheinlicheres Ereignis, je mehr
sich das Klima erwärmt.

Im vergangenen Jahrhundert ist der See nur einmal zugefroren: 1963. Im 19. Jahrhundert war
das immerhin zweimal der Fall, nämlich 1830
und 1880. Auch in den beiden Jahrhunderten davor konnte die Johannesbüste nur drei Mal über
den See getragen werden: 1788, 1695 und 1684.
Im 15. und 16. Jahrhundert jedoch fror der See
jeweils sieben Mal ganz zu, im 14. Jahrhundert
immerhin noch fünf Mal. Seit ein solches Natur-
schauspiel das erste Mal im Jahr 875 erwähnt
wurde, soll der See insgesamt 33 Mal zwischen
beiden Ufern vollständig vom Eis bedeckt
gewesen sein.

Bereits ab November 1962 hatten lang andau-
ernder Frost und sehr geringe Luftbewegungen
das denkwürdige Ereignis eingeleitet. So waren
die obersten 50 Meter des Obersees Mitte Januar
1963 deutlich kälter als in anderen Jahren: Ihre
Wärmemenge war um mindestens 40 Billionen
Kilokalorien geringer als in normalen Jahren.
Allmählich fror der See von den Buchten und Rän-
dern aus immer weiter zu. Am 5. Februar 1963
wurde der Schiffsverkehr auf dem ganzen Obersee eingestellt, einen Tag später der Fährbetrieb
zwischen Meersburg und Konstanz. Nur im
mittleren Teil blieben einige Quadratkilometer
eisfrei. Bei einer Eisdicke von 20 bis 30 Zentimetern waren auch am gesamten Obersee Eis-
wanderungen und Schlittschuhlaufen möglich,
ja sogar Autorennen, Rundflüge mit Eislandung
und einen Ritt hoch zu Ross quer über den
Bodensee verzeichneten die Chronisten. Wie
sehr auch schon früher der legendäre Reiter über
den Bodensee die Menschen bewegt hat, zeigt
das dramatische Gedicht über die Seegfrörne
»Der Reiter und der Bodensee«, das der Dichter
Gustav Schwab im 19. Jahrhundert verfasst hat:
Ein Reiter überquert den See – nicht wissend,
dass es sich bei der ebenen weißen Fläche um
verschneites Eis handelt. Als er am anderen
Ufer von seiner Heldentat erfährt, sinkt er vor
Schreck tot vom Pferd.

früh im Winterhalbjahr kalt werden. Hilfreich ist es auch, wenn der See während eines kalten Winters dann weiter auskühlen kann. Wobei er aber auch nicht zufrieren sollte, weil das Eis eine Zirkulation verhindert. Doch dass der See vollständig zufriert, ist äußerst selten der Fall – die letzte »Seegfrörne« fand im Winter 1962/1963 statt. Insgesamt, so hat eine langjährige Analyse der Zirkulationsprozesse gezeigt, spielen offenbar viele Faktoren eine Rolle, damit sich der Bodensee bis in große Tiefe oder gar hinunter bis zum Seegrund durchmischen kann. Dabei können sogenannte kalte Dichteströme eine wichtige Rolle spielen. Solche und andere speziellen Voraussetzungen sind allerdings keinesfalls jedes Jahr gegeben. Dabei führen verhältnismäßig warme Winter meist zu einer unzureichenden Durchmischung – und solche unvollständigen Zirkulationen werden im Zuge der Klimaerwärmung immer wahrscheinlicher.

Hinzu kommt, dass sich der See durch die Klimaerwärmung deutlich zeitiger im Frühjahr erwärmt, als dies in der Vergangenheit der Fall war – im Vergleich zu den 1960er Jahren etwa einen Monat früher (siehe S. 144). Wegen der guten Sauerstoffversorgung des Tiefenwassers ist es aber bisher noch zu keinen gravierenden Sauerstoffdefiziten im Hypolimnion gekommen.

Die sich über das Jahr ändernden Schichtungsverhältnisse bestimmen das Leben im See in vielfältiger Weise. Besonders bedeutungsvoll ist, dass während der sommerlichen Stagnationsphase kaum ein vertikaler Stoffaustausch möglich ist, sieht man von den in die Tiefe sinkenden tierischen und pflanzlichen Überresten ab. Der fehlende Austausch von oben nach unten hat dabei vor allem für die Sauerstoffversorgung Konsequenzen: Das Hypolimnion muss manchmal über Jahre hinweg mit dem Sauerstoffgehalt auskommen, den es während tief greifender Zirkulationsphasen tanken konnte – oder der mit dem sauerstoffreichen Wasser der kalten Zuflüsse in die Tiefe fließt (siehe S. 56). Während der Stagnationsphasen wird auch der Stoffaustausch von unten nach oben unterbrochen, was eine erhebliche Bedeutung für das Leben im See hat.

Die Versorgung der Oberflächenschicht mit lebensnotwendigen Nährstoffen wie Phosphor, Stickstoff und Silikat kommt dann ebenfalls weitgehend zum Erliegen. Die Tiere und Pflanzen sind im Sommerhalbjahr auf diejenigen Nährstoffe angewiesen, die im sogenannten kurzgeschlossenen Kreislauf direkt vor Ort recycelt werden – also beim mikrobiellen Abbau noch in der Oberflächenschicht wieder ins Wasser gelangen und dann dort wieder zur Verfügung stehen. Demgegenüber reichern sich die beim Abbau im Hypolimnion frei gewordenen Nährstoffe zunächst einmal an (siehe S. 62). Erst mit der nächsten Durchmischungsphase werden sie teilweise wieder nach oben in die Produktionszone verfrachtet.

Kalte Dichteströme

Normalerweise fallen die Konzentrationen an Sauerstoff mehr oder weniger kontinuierlich von der Seeoberfläche zur Tiefe hin ab. Umgekehrt nehmen die Konzentrationen der Nährstoffe Phosphor und Silikat von oben nach unten zu: Oben werden diese Nährstoffe von den Algen in ihre Biomasse eingebaut, unten werden die abgestorbenen Algen von Mikroorganismen zersetzt, die Nährstoffe also wieder freigesetzt. Doch es gibt Zeiten, da finden sich plötzlich ungewöhnliche Konzentrationsspitzen oder deutliche Minima in bestimmten Tiefen. Solche Unregelmäßigkeiten erregen dann naturgemäß die besondere Aufmerksamkeit der Seenforscher. Besonders eindrucksvoll waren solche Auffälligkeiten im Februar 1999. Im Januar dieses Jahres war es frostig gewesen, und auch in der Zeit vom 8. bis 15. Februar war es mit Tagesmittelwerten bis -7 Grad lausig kalt. Dann kam ein Wetterumschwung und es stürmte mehrere Tage heftig aus Südwesten, also parallel zur Längsachse des Sees. Innerhalb von zwei Untersuchungsterminen – dem 9. und 24. Februar – kühlte sich das Wasser in der Seemitte in allen Tiefen ungewöhnlich deutlich um 0,3 bis 0,5 Grad ab. Selbst 1 Meter über Grund sank die Temperatur um ein halbes Grad. Parallel dazu stiegen die Sauerstoffkonzentrationen in der Tiefe an, während sich dort die Phosphat- und Silikatkonzentrationen an das Niveau im Oberflächenwasser anglichen. Am 22. Februar registrierte das Seepumpwerk Nonnenhorn am Nordufer in 60 Metern Tiefe eine plötzliche Temperaturabnahme. Einen Tag später meldete das Seepumpwerk Riet am Südufer des Sees in 40 Metern Tiefe einen Rückgang der Sauerstoffkonzentration.

Der See hatte durch diese kraftvolle Abkühlung bis zum Grund hin zirkuliert. Ursache war die Abkühlung der oberflächennahen Wasserschichten durch die bis Anfang Februar dauernde Kälteperiode. Diese kalten Wassermassen wurden durch den anhaltenden Südweststurm in die nördlichen Randbereiche des Sees verfrachtet. Aufgrund ihrer hohen Dichte (siehe S. 49) drängten sie – unterseeischen Wasserfällen gleich – als sogenannte kalte Dichteströme in die Tiefe und ersetzten dort das wärmere und sauerstoffärmere Tiefenwasser, das zum Ausgleich in die südlichen Bereiche des Obersees floss und dort nach oben geschoben wurde.

Wetter extrem:
Stürme und Seiches

Es ist schon ein ganz besonderes Erlebnis, am Bodensee einen Sturm aufziehen zu sehen. Im Westen türmen sich bedrohlich dunkle Wolken auf, im Osten scheint noch die Sonne. Das Wasser ist spiegelglatt, kein Lüftchen regt sich. Dann kräuselt sich draußen die Wasseroberfläche leicht. Und plötzlich wirbelt ein Windstoß durch die Bäume am Ufer. Der ersten Böe folgen weitere, die Wellen werden immer höher. Nun peitscht auch schon der Regen beinahe waagrecht heran, der Wind bläst mit Macht. Die Segelboote sind vom See verschwunden – wer nicht aus eigener Einsicht ans Land geschippert ist, den hat die patrouillierende Wasserschutzpolizei dazu aufgefordert. Selbst die großen Kursschiffe haben in den Häfen und an den Anlegestegen Schutz gesucht. Der Bodensee ist berühmt – oder besser berüchtigt – für seine plötzlichen Stürme. Die Böen sind schon manch einem Segler zum Verhängnis geworden, aber auch Motoryachten sind bereits wegen der scheinbar aus dem Nichts auftauchenden hohen Wellen gesunken. So hat die rund um den See installierte Sturmwarnung manchen Skipper vor Schiffbruch bewahrt.

Dabei ist der See an schönen Sommertagen ein wahres Seglerparadies – dank des typischen Seewindes, der tagsüber für eine angenehme Brise sorgt. Vormittags erwärmt sich das Land nämlich schneller und stärker als das Wasser, die Luft steigt auf. Zum Ausgleich strömt kühlere Luft von der Seeoberfläche zum Land. Dieser Seewind setzt üblicherweise zwischen 8 und 10 Uhr ein, zwischen 17 und 19 Uhr flaut er dann wieder ab. Nachts weht dann umgekehrt der Landwind, weil kühlere Luft vom Land in Richtung der noch wärmeren Seeoberfläche strömt. Eine weitere Besonderheit am Bodensee ist der Föhn, am Nordufer des Sees bei Friedrichshafen unschwer erkennbar an der hervorragend klaren Fernsicht auf die Alpen. So richtig zu spüren bekommt man den warmen Südwind aber im Alpenrheintal und im südöstlichen Bodensee. Dort kann er sich beispielsweise im Herbst zu einem heftigen Sturm entwickeln, der bei schönstem Wetter die Bäume schüttelt und mit starken Böen über das Wasser fegt.

Ihre Ursache hat diese südliche Luftströmung in Luftdruckunterschieden beidseits der Alpen: Hohem Druck auf der italienischen Südseite steht niedriger Luftdruck auf der Nordseite gegenüber. Die über den Alpenkamm strömenden Luftmassen werden im Rheintal förmlich kanalisiert, bevor sie auf den Bodensee hinausstürmen.

Genauso schnell, wie sie gekommen ist, kann eine Föhnwetterlage auch wieder zusammenbrechen. Doch die Auswirkungen des Sturmes im Wasser sind noch lange zu spüren, weil der heftige Wind das Oberflächenwasser kräftig durcheinandergewirbelt und zudem viel Wasser von oben in die Tiefe gedrückt hat. Diese

Unterschiede müssen sich nun langsam wieder auspendeln. Recht anschaulich lassen sich solche grundlegenden Vorgänge der Seenphysik in der Badewanne studieren – zum Beispiel dann, wenn der Junior so lange rhythmisch hin und her rutscht, bis das Wasser über den Rand der Wanne schwappt und die Mutter ihn unter heftigem Schimpfen aus dem Wasser zieht. Der »Wannenpegel« jedoch pendelt noch eine ganze Weile hin und her. Genauso wie in einer Badewanne entstehen – physikalisch betrachtet – stehende Wellen auch in einem großen See wie dem Bodensee. Jedenfalls im Prinzip, denn natürlich ist dort alles etwas komplizierter, weil beispielsweise die Buchten eine wichtige Rolle spielen. Grundsätzlich jedoch entstehen Seiches – so das aus einem Dialektwort der französischen Schweiz stammende Fachwort – auf ähnliche Weise. Die treibende Kraft sind Luftdruckunterschiede über verschiedenen Seeteilen oder lang anhaltende und starke Winde, welche die oberflächennahen Wasserschichten in Schaukelbewegungen versetzen. Dies führt dann zu deutlich messbaren Schwankungen des Wasserstandes sowie der internen Wasserschichten, was sich mit entsprechenden Temperaturmessungen augenfällig nachweisen lässt. Auch das sogenannte Wasserwunder von Konstanz, bei dem im Jahr 1549 der Rhein in dieser Stadt sogar gegen die übliche Richtung, also sozusagen stromaufwärts floss, dürfte nach heutigen Erkenntnissen auf Seiches zurückzuführen gewesen sein.

Bei der typischen Schönwetterlage sorgt tagsüber der Seewind für eine angenehme Brise auf dem See – und für gutes Segelwetter.

Das Wasserwunder von Konstanz

Der 23. Februar 1549 ist in die Annalen der Stadt Konstanz eingegangen: »Uff diesen Tag, was Sant Mathyss abend, morgens früeh, ist der See an und abgeloffen, wol einer Ellen hoch«, überlieferte damals der Konstanzer Chronist Christoph Schulthaiss der Nachwelt. »Wie ich selbst gesehen hab«, so schrieb er weiter, »ist sölchs etwa in einer stund vier oder fünf mal geschehen«. Eine Elle hoch, also etwa 60 Zentimeter, hob und senkte sich der Seespiegel damals am Konstanzer Ufer sowie am Rheinausfluss in Konstanz. Dort kehrte der Rhein im Takt dieser Seespiegelschwankungen offenbar sogar seine Fließrichtung um, er floss also sozusagen flussaufwärts zurück in den Bodensee – was den damaligen Zeitgenossen als ein echtes Wunder erscheinen musste.

Heute haben die Seenphysiker eine ganz nüchterne wissenschaftliche Erklärung für dieses Wunder: Seiches, also seeinterne rhythmische Schwankungen. Diese Eigenschwingungen eines Sees können durch Stürme, Luftdruckschwankungen, spezielle Windverhältnisse sowie Erdbeben hervorgerufen werden. An diesem denkwürdigen Tag müssen durch besondere Ereignisse sehr schnelle Eigenschwingungen im Obersee aufgetreten sein – mit einer Periode von 13 bis 14 Minuten. Üblicherweise betragen die Eigenschwingungen rund 56 Minuten, das heißt in diesem Zeitabstand schwappt der Wasserkörper hin und her, wobei die größten Wasserbewegungen am Westende des Obersees auftreten. Zu dieser Grundschwingung kommen – ähnlich wie bei den Saiten eines Musikinstruments – weitere Schwingungen höherer Ordnungen hinzu. In der 5. und 6. Ordnung liegt die Schwingungsperiode im Bereich der oben genannten knappen Viertelstunde.

Nun können diese Eigenschwingungen verstärkt werden, und zwar durch lokale Schwingungen, so wie sie beispielsweise im Konstanzer Trichter auftreten können. Wenn sich diese beiden Schwingungen überlagern, kann es zur Resonanz kommen, die beiden Schwingungen sich also sozusagen aufaddieren – offenbar bis hin zu so starken Schwankungen, dass der Rhein »rückwärts« durch Konstanz fließt.

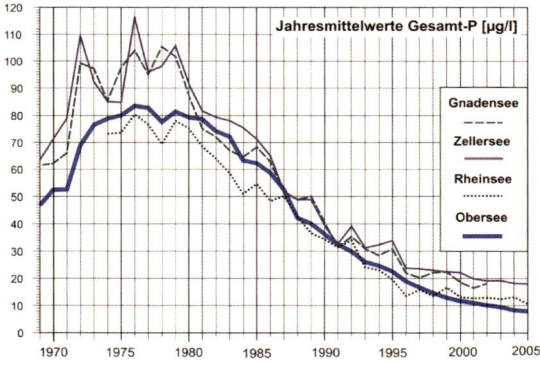

Links: Mit dem Vielfach-Wasserschöpfer können während eines Arbeitsganges Wasserproben aus unterschiedlichen Seetiefen gezogen werden.

Rechts: Die Entwicklung der Gesamtphosphorgehalte in den verschiedenen Seeteilen des Bodensees.

Sturmwarnung

Wegen seiner Lage am Nordrand der Alpen können Stürme urplötzlich und mit großer Macht über den Bodensee hereinbrechen. Andererseits ist der See ein beliebtes Paradies für Freizeitskipper. Daher gibt es am Bodensee ein Sturmwarnsystem, das im Laufe der Jahre immer weiter verfeinert und verbessert wurde. So teilte man den See im Jahr 2000 sturmwarnmäßig in drei Teile auf: Der Bereich »West« umfasst den Untersee und den Überlinger See ab einer Linie Konstanz–Meersburg; daran schließt sich die »Mitte« an, deren fiktive Grenze die Linie zwischen Langenargen und Arbon bildet. Der Rest bildet die Warnzone »Ost«.
Gewarnt wird in zwei Stufen: Bei Starkwinden mit Windböen ab einer Geschwindigkeit von 45 Stundenkilometern blinken die Warnleuchten am Seeufer mit 40 orangeroten Blitzen pro Minute. Wird Sturm mit Böen von mehr als 65 Kilometern pro Stunde erwartet, blitzt es 90 Mal in der Minute. Die Warnungen finden sich mittlerweile auch im Internet.

Generell ist die Wettervorhersage am Bodensee ziemlich schwierig, wobei die Meteorologen im östlichen Teil des Sees wegen der Nähe zu den Bergen und dem Föhneinfluss eine besonders harte Nuss zu knacken haben. Daher sind dort auch die häufigsten Fehlalarme zu verzeichnen – im Jahr 2007 summierten sie sich im Ostteil auf rund ein Drittel der Warnungen. Doch insgesamt ist die Sturmvorhersage mittlerweile ausgesprochen präzise: Auf den gesamten Bodensee bezogen lagen die Meteorologen laut Deutschem Wetterdienst zu 94 Prozent mit ihren Warnungen richtig.

Phosphor und Stickstoff: die Nährstoffe im Bodensee

Phosphor: der wichtigste Messwert
Phosphor – das ist derjenige Nährstoff, um den sich am Bodensee seit Jahrzehnten alles zu drehen scheint. Alljährlich wird in den Medien darüber berichtet, wie sich seine Konzentration im See entwickelt hat – gleichsam wie die Fieberkurve eines Patienten. In der Tat war der Phosphor über lange Jahre hinweg das wichtigste »Krankheitszeichen«, mit dem sich die »Gesundung« des Bodensees von der Überdüngung der 70er Jahre nachvollziehen ließ, wie bereits im ersten Kapitel ausführlich erläutert wurde. Im Bodensee ist Phosphor nämlich von Natur aus Mangelware, die Seenkundler sprechen vom Minimumfaktor. Je weniger Phosphor im See ist, desto weniger haben die Algen das entscheidende »Futter« zum Wachsen – da spielt es dann auch keine Rolle, wenn andere wichtige Nährstoffe wie Stickstoff und Kohlenstoff in ausreichendem Maße oder sogar im Überfluss vorhanden sind. Mithin ist das Angebot an Phosphor also der begrenzende Faktor für das Algenwachstum.
Planktonalgen und Wasserpflanzen – wie auch Tiere und Mikroorganismen – nehmen Phosphor als anorganisches Phosphat auf. Benötigt wird er für den

Aufbau der Erbsubstanz DNA. Darüber hinaus spielt eine phosphorhaltige Verbindung, das sogenannte Adenosintriphosphat (ATP), für sämtliche Lebewesen eine entscheidende Rolle als Energieträger.

Von Natur aus sind phosphorhaltige Gesteine im Einzugsgebiet die wichtigste Phosphorquelle für die Lebewesen in einem See. Doch die ist in aller Regel nicht allzu ergiebig, weil aus phosphathaltigen Böden meist nur wenig Phosphat ausgeschwemmt wird; es ist stark an die Bodenpartikel gebunden. Viel bedeutsamer ist nach dem Zweiten Weltkrieg die zunehmende Belastung der Flüsse und Seen mit ungereinigtem Abwasser geworden. Dieses enthielt viel gelösten Phosphor in Form von Phosphat und Polyphosphaten aus Fäkalien und Waschmitteln. Die Folge war eine Überdüngung der Seen, Eutrophierung genannt. Auch der Bodensee bildete da keine Ausnahme.

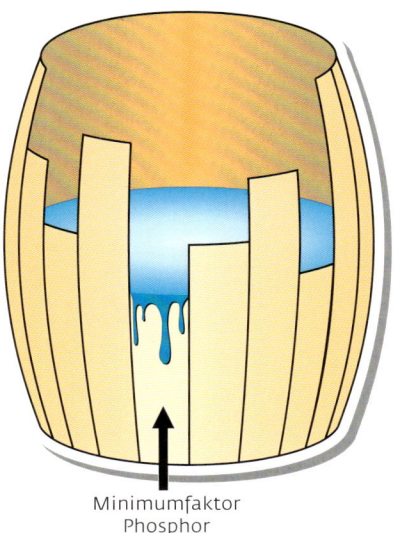

Minimumfaktor
Phosphor

Eine der größten Gefahren einer solchen Überdüngung mit dem damit verbundenen starken Algenwachstum ist der wachsende Sauerstoffbedarf am Seegrund. Die in den Tiefenwasserbezirk sinkenden, abgestorbenen Pflanzen und Tiere werden dort von Mikroorganismen zersetzt, wozu Sauerstoff benötigt wird (siehe S. 50). Der resultierende Sauerstoffschwund hat auch für den Phosphorkreislauf entscheidende Konsequenzen. Normalerweise wird Phosphat nämlich aus dem Nährstoffkreislauf eliminiert, weil es zusammen mit Kalkkristallen nach unten sinkt (siehe S. 66), sich an Sedimentteilchen anlagert oder mit Eisen reagiert und dann als Eisenphosphat ausfällt. Einmal im Sediment angekommen, steht der solchermaßen gebundene Phosphor für Algen und Wasserpflanzen nicht mehr zur Verfügung. Dies gilt aber nur solange, wie Sauerstoff vorhanden ist. Sauerstoffhaltiges Wasser bildet nämlich eine Art

Barriere über dem Sediment, durch die das Phosphat kaum hindurch diffundieren kann. Ist das Wasser über dem Seegrund jedoch sauerstofflos, dann kann sich der Phosphor wieder aus dem Sediment lösen und im Tiefenwasser anreichern. Bei der nächsten Zirkulation gelangt er dann wieder ins Oberflächenwasser, um dort den Pflanzen erneut für deren Wachstum zur Verfügung zu stehen. Sobald also ein See über Grund sauerstofflos wird, beschleunigt dieser auch interne Düngung genannte Vorgang die Nährstoffanreicherung (Eutrophierung) noch zusätzlich. Dieser Vorgang sorgt unter anderem dafür, dass im nährstoffreicheren und flacheren Untersee mehr Phosphor enthalten ist als im tiefen und nährstoffärmeren Obersee (siehe S. 71).

Anzumerken ist, dass es auch kurzgeschlossene Phosphorkreisläufe gibt. Hier wird beim mikrobiellen Abbau der abgestorbenen Organismen gleich in den oberen Wasserschichten auch der Phosphor recycelt. Der weitaus wichtigere Regenerationsmechanismus ist allerdings der Hunger und seine Folgen: Einzeller wie Augen- und Wimperntierchen, aber auch Rädertiere sowie Kleinkrebse wie etwa die Wasserflöhe ernähren sich von Algen und Bakterien – und scheiden die Überreste aus. Dabei werden sowohl organische als auch anorganische Phosphorverbindungen freigesetzt, die nach weiterem Abbau wieder verfügbar sind. Die Seenkundler schätzen, dass mehr als 80 Prozent des Phosphorbedarfs der in der Oberflächenschicht (Epilimnion) le-

benden Organismen aus solchen kurzgeschlossenen Kreisläufen gedeckt werden. In stark überdüngten, also hoch eutrophen bis polytrophen Seen ist Phosphor durch die hohen Phosphorfrachten der Zuflüsse wie auch durch die interne Düngung praktisch das ganze Jahr hindurch im Überfluss enthalten. Hier wird oft das Licht zum begrenzenden Faktor: In der dichten grünen »Algensuppe« kann es nur noch wenige Zentimeter tief ins Wasser eindringen. Somit werden die in etwas tieferen Regionen lebenden Planktonalgen so beschattet, dass sie nicht mehr genügend Licht für die Photosynthese und damit zum Überleben haben. Im mittlerweile annähernd nährstoffarmen (oligotrophen) Bodensee ist Phosphor dagegen derjenige Nährstoff, der für das Wachstum des Planktons mit Abstand am bedeutungsvollsten ist – und damit auch für die »Gesundheit« und das Erscheinungsbild des Sees.

Mit Spannung warten daher die Seenexperten alljährlich im Frühjahr auf die aktuellen Phosphorkonzentrationen im See. Die sogenannten volumengewichteten Phosphorwerte geben Auskunft, wie sich dieser Nährstoff während der Vollzirkulation im See verteilt. Das ist die Zeit, in welcher der See von oben bis unten mehr oder weniger gleiche Temperaturwerte aufweist und auch das Tiefenwasser sozusagen mit Sauerstoff »volltankt« (siehe S. 52). Nun findet nicht in jedem Jahr eine Vollzirkulation statt, der See wird also nicht völlig durchmischt. Gleichwohl gilt der Phosphor-

Der Bodensee im Morgennebel.

Wert in der Zeit von Februar bis April als guter Indikator, welche Menge dieses wichtigen Nährstoffs während der kommenden Vegetationsperiode den Algen und Wasserpflanzen im See zur Verfügung stehen wird. Damit ist er auch ein wichtiger Maßstab für den Erfolg der Sanierungsmaßnahmen. Seit dem Jahr 2006 hat sich dieser volumengewichtete Zirkulationsmittelwert auf einen Wert um 8 Milligramm Phosphor je 1000 Liter Seewasser eingependelt. Und auch die über das gesamte Jahr gemittelte Phosphorkonzentration entspricht mittlerweile etwa diesem Wert. Seit den 1980er Jahren – also seitdem die Phosphorkonzentrationen im See wieder sinken – lag dieser repräsentative Jahresmittelwert dagegen stets einige Mikrogramm unter dem Wert der Frühjahrszirkulation. Nun haben sich die beiden Werte angeglichen. Dies ist ein weiteres Zeichen dafür, dass sich der See nun dem nährstoffarmen Referenzzustand angenähert hat, den er vor der Eutrophierung aufwies, also bis Mitte des vergangenen Jahrhunderts.

Stickstoff

Neben Phosphor ist Stickstoff der zweite für die Lebewesen im Wasser besonders wichtige Nährstoff. Er kommt im Körper in vielen organischen Verbindungen vor, so etwa in den Aminosäuren, den Bausteinen der Eiweiße, aber auch in der Erbsubstanz DNA. Im Wasser ist Stickstoff zum einen gasförmig gelöst. Manche Bakterien und Blaualgen (Cyanophyceen) können ihn in dieser Form direkt aufnehmen. Zum anderen kommt Stickstoff in drei anorganischen Verbindungen vor: als Nitrat, Nitrit und Ammonium. Dabei ist – neben Ammonium – Nitrat die wichtigste Stickstoffquelle. Es stammt heute vor allem aus der landwirtschaftlichen Düngung und wird über die Zuflüsse in die Stehgewässer eingetragen. Über lange Jahre hinweg stieg die Stickstofffracht stetig an. Erst Ende der 1990er Jahre kam die Trendwende: Die Maßnahmen zur Stickstoffreduzierung – Düngevorschriften, Beratung der Landwirte und angepasste Düngung – hatten endlich gegriffen. Im See sind die stickstoffhaltigen Verbindungen dann in vielfältiger Weise in einem ziemlich komplexen Kreislauf miteinander verknüpft. Da sind zunächst die organischen Stickstoffverbindungen. Sie werden zum einen wie Nitrat und Ammonium über die Zuflüsse in den See eingetragen; zum anderen entstehen sie bei der Zersetzung toter Tiere und Pflanzen direkt im See. Bei diesem Abbau von Biomasse wird Ammonium frei. Da die Mikroorganismen hierfür Sauerstoff brauchen, holen sie sich diesen aus dem Wasser. Zunächst zehren sie den physikalisch im Wasser gelösten Sauerstoff auf. Solange dieser in ausreichendem Maße vorhanden ist, wird das Ammonium von Nitrit-Bakterien zu Nitrit und dieses anschließend von Nitrat-Bakterien weiter zu Nitrat oxidiert. In sauerstoffreichen Seen wie dem Bodensee-Obersee können die anfallenden Stickstoffmengen auf diese Weise vollständig verarbeitet werden.

In nährstoffreicheren Seen – zu denen auch der Untersee zählt – geht den Mikroorganismen bei ihrer Abbauarbeit dagegen im Laufe des Sommers der molekulare Sauerstoff aus. Danach machen sie sich den vor allem in Nitrat chemisch gebundenen Sauerstoff zunutze, wobei Ammonium entsteht. Zu dieser Ammoniumbildung aus Nitrat kommt dasjenige Ammonium hinzu, das nach wie vor im Zuge des oben geschilderten Stickstoffabbaus aus organischer Materie entsteht. Somit reichert sich Ammonium im Laufe des Sommers und Herbstes im Tiefenwasser an. Dabei ist seine zunehmende Konzentration ein Maß dafür, wie viel chemisch in Nitrat gebundenen Sauerstoff die Mikroorganismen für ihre Abbautätigkeit benötigt haben – und zwar zusätzlich zu dem im Wasser verfügbaren physikalisch gelösten Sauerstoff. Am Bodensee-Untersee sinken die maximalen Ammoniumkonzentrationen am Ende der Sommerstagnation seit einigen Jahren wieder – ein positives Indiz für die Erholung auch dieses Seeteils (siehe S. 73). Wenn dann im Zuge der herbstlichen Zirkulation die sommerliche Schichtung wieder aufgehoben wird, wird das Ammonium wieder gleichmäßig im ganzen See verteilt, wo es bei entsprechend guten Sauerstoffverhältnissen wieder in Nitrat umgewandelt wird.

Die Messung des Phosphors

Für die Einordnung des Bodensees ist sein Phosphorgehalt wichtig. Entscheidend ist dabei der volumengewichtete Frühjahrs-Mittelwert von 0 bis 254 Meter Tiefe in der Seemitte an einer festgelegten Messstation zwischen dem baden-württembergischen Fischbach und dem schweizerischen Uttwil. Volumengewichtet bedeutet, dass die an der Wasseroberfläche ermittelten Werte im Verhältnis zu dem dort größeren Wasservolumen stärker gewichtet werden als Werte, die beispielsweise in 200 Metern Tiefe gemessen wurden, weil dort das Volumen des Sees deutlich geringer ist. Vergleichen lässt sich dies mit einer Badewanne, die oben weit ist und nach unten schmäler wird: Dort ist das Wasservolumen in den oberen 10 Zentimetern auch größer als in den 10 Zentimetern über dem Wannengrund. Somit liefern die volumengewichteten Werte ein weitaus realistischeres Bild der tatsächlich im See vorhandenen Phosphormenge, als wenn nur die in den einzelnen Tiefenstufen ermittelten Konzentrationen durch eine schlichte Mittelwertbildung verrechnet würden.

Kalk, Kieselsäure und Co: weitere Stoffe im See

Wenn der Kalk rieselt: Calcitfällung
Wie kommt Kalk, chemisch Calciumcarbonat, in einen See? Zum einen wird er über die kalkreichen Alpenzuflüsse eingetragen – nicht umsonst heißt es Kalkalpen. Kalk entsteht aber auch direkt im Gewässer, und zwar unter Mitwirkung der Pflanzen. Die brauchen für die Photosynthese bekanntlich Kohlendioxid (siehe S. 51). Bei starkem Algenwachstum – einer sogenannten Algenblüte – wird aber das Kohlendioxid knapp. Dann dient das Hydrogen- oder Bicarbonat, mit dem das Kohlendioxid in einem chemischen Gleichgewicht steht, als Kohlenstoffquelle für den Aufbau organischer Substanz, die Assimilation. Im Zuge der Bicarbonat-Assimilation entsteht Carbonat. Dieses reagiert mit Calcium zu Kalk und der wiederum ist in Wasser nur schwer löslich: Er ballt sich zu unterschiedlich geformten Kristallen und Aggregaten zusammen, den Calciten, und fällt aus – biogene Entkalkung nennen das die Fachleute. Auf den Blättern von Wasserpflanzen kann sich auf diese Weise eine richtige Kalkkruste bilden.

Diese Calcitfällung findet am Bodensee zum Teil mehrmals im Jahr statt, sie kann von ganz bestimmten Algenarten regelrecht induziert werden. Dabei wird jedes Mal auch der Pflanzennährstoff Phosphor mehr oder weniger dauerhaft dem See entzogen. Darüber hinaus werden in den Kalkaggregaten auch tonige Schwebstoffe »eingefangen«, die dann gemeinsam mit dem Calcit im Sediment abgelagert werden.

Kieselsäure: ein essentieller Nährstoff für Kieselalgen
Kieselalgen tragen ihren Namen nicht umsonst: Sie haben eine Art Skelett oder Panzer aus Kieselsäure. Daher benötigen sie diese silikathaltige Verbindung als unerlässlichen Nährstoff. Daneben sind auch einige Goldalgen auf Kieselsäure angewiesen sowie manche Wasser- und Uferpflanzen wie beispielsweise Schilf und Schneidried. Dessen Name spricht übrigens für sich, weil die Kieselsäure Stängel und Blätter so schneidend hart macht, dass man sich leicht daran verletzen kann, wenn man es zu beherzt in die Hand nimmt.
Ins Gewässer gelangt die Kieselsäure durch Sickerwasser, das bei der Boden-

Links: Bei der biogenen Entkalkung bilden sich durch biologische Vorgänge im Wasser Kalkkristalle (hier eine rasterelektronenmikroskopische Aufnahme), die sich zu Aggregaten zusammenballen und auf den Seeboden sinken.

Rechts: Die Kieselalge Asterionella formosa, hier aufgenommen mit dem Rasterelektronenmikroskop, benötigt Kieselsäure als essentiellen Nährstoff.

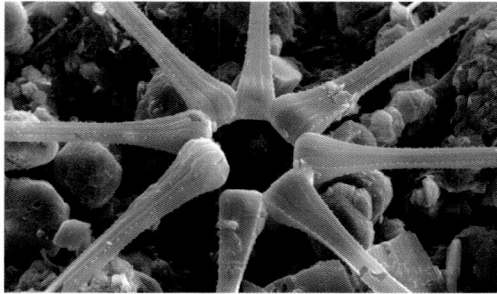

passage aus Silikaten – den Salzen der Kieselsäure – die Kieselsäure herauslöst. Im See ist der Kreislauf von Silikat dann ganz ähnlich wie beim Phosphor vom Einbau des Nährstoffs in Biomasse und anschließender Sedimentation geprägt. Dabei nimmt die Silikatkonzentration im Laufe des Sommers deutlich ab – die Oberflächenschicht verarmt regelrecht an diesem Nährstoff. Im Zuge des mikrobiellen Abbaus reichert sich dann einerseits Silikat im Tiefenwasserbezirk an, andererseits lagern sich die harten, silikathaltigen Überreste der Kiesel- und Goldalgen im Sediment ab, wo sie noch sehr lange erhalten bleiben. Daher können sie sozusagen als biologische Geschichtsbücher Auskunft über die Entwicklung dieser Algen in der Vergangenheit geben – und damit auch über den generellen Zustand eines Sees etwa im Hinblick auf seinen Trophiegrad oder seine Versauerung in früheren Zeiten.

Im Bodensee gelangt das Silikat, das sich im Laufe des Sommers im Tiefenwasser angereichert hat, dann wieder im Zuge der winterlichen Durchmischung in die Oberflächenregion. Dieser Kreislauf ist – wie beim Phosphor – so zuverlässig, dass er als wichtiges Indiz dafür gewertet werden kann, wie stark und tief greifend die vertikale Durchmischung des Sees in einem bestimmten Jahr stattgefunden hat. Somit lassen sich mit Hilfe dieser beiden Parameter regelrechte Durchmischungszeitreihen erstellen – eine Betrachtung, die im Zuge der Klimaerwärmung von Bedeutung ist (siehe S. 144). Auch bei der Analyse kalter Dichteströme spielen die Verläufe der Silikatkonzentrationen in der Wassersäule von oben nach unten eine wichtige Rolle.

Methan-Gasblasen auf der Spur

Klimamäßig gesehen ist Methan ins Gerede gekommen. Immerhin hat diese Verbindung aus einem Kohlenstoff- und vier Wasserstoffatomen ein weitaus größeres Treibhauspotenzial als Kohlendioxid. Dabei haben Umweltschützer vor allem denjenigen Methananteil im Visier, der in den Mägen von Wiederkäuern entsteht. Methan entsteht aber keineswegs nur im Kuhmagen. Auch aus Mülldeponien gast es aus. Und es bildet sich in der Natur, in Sümpfen zum Beispiel und in Seen, genauer im Seeboden. Vermutlich stammen zwischen 6 und 16 Prozent des global freigesetzten Methans aus Seen, was mehr ist als das Methan, das in Ozeanen entsteht. Dabei gibt es prinzipiell zwei Quellen von Methan im Seeboden: Zum einen spielen Bakterien eine Rolle, die im Zuge des Abbaus abgestorbener Tiere und Pflanzen Methan produzieren. Zum anderen entsteht Methan auch bei geologischen Prozessen. Zudem kann das Gas auf ganz unterschiedliche Weise aus dem Seeboden freigesetzt werden. Es gelangt in Form von Gasblasen nach oben an die Seeoberfläche oder diffundiert einfach ins Wasser ein. Interessanterweise kann das Gas ganz plötzlich, sozusagen spontan, aus dem Seeboden kommen, wobei kreisrunde Vertiefungen zurückbleiben. Diese können zwischen 20 Zentimeter und 20 Meter groß sein. Solche Strukturen gibt es auch recht verbreitet am Grund des Bodensees, wie ein groß angelegtes Forschungsprojekt ergeben hat.

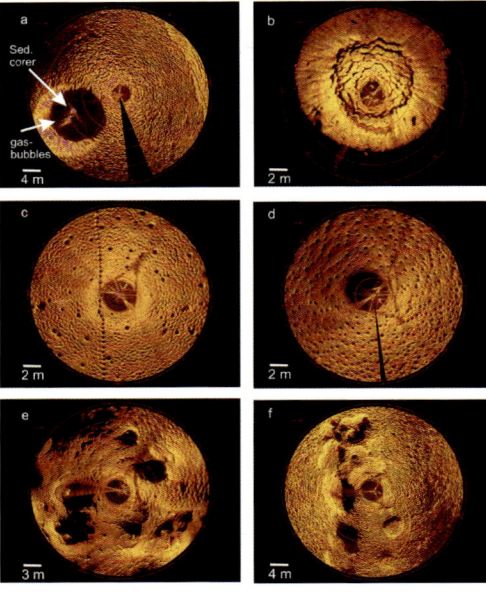

Schwermetalle: eine Erinnerung an die Vergangenheit

Schwermetalle sind ein gutes Beispiel dafür, was man mit Umweltschutz alles erreichen kann. Noch in den 1970er und 1980er Jahren waren sie ein bedeutendes Thema. Die Quecksilbervergiftung vieler Menschen im japanischen Mina-mata in den 1950er und frühen 1960er Jahren hat weltweit die Gefahr durch Schwermetalle deutlich aufgezeigt. Damals wurden giftige Abwässer in eine fischreiche Meeresbucht geleitet. In der Folge starben mehr als 50 Menschen, weil sie über längere Zeit hinweg mit Quecksilber belastete Fische gegessen hatten – und viele Menschen litten dort noch nach Jahrzehnten unter der als »Minamata-Krankheit« bekannt gewor-denen Vergiftung.

Weil Schwermetalle nur schwer löslich sind, reichern sie sich im Boden wie auch in den Sedimenten von Flüssen und Seen an. Eine umfangreiche Untersuchung von Sedimentkernen aus dem Bodensee ergab in den 1980er Jahren, dass die vom Menschen verursachte Verunreinigung des Seebodens mit Schwermetallen im Zeitraum von 1880 bis in die 1970er Jahre stark angestiegen war. Danach griffen die Umweltschutzmaßnahmen wie beispielsweise das Verbot von bleihal-tigem Benzin, und die Gehalte nahmen wieder deutlich ab. Quecksilber, Kupfer, Chrom, Nickel und Kobalt waren allerdings selbst in den 1980er Jahren nur in unbedeutenden Konzentrationen im Sediment des Bodensees enthalten. Bei Zink war der Bereich »unbelastet bis mäßig belastet« erreicht, die Bleibelas-tung war »mäßig« und nur Kadmium fiel damals mit 1,8 Milligramm pro Kilogramm Sediment bereits knapp in die Klasse »mäßig bis stark belastet«. Die Qualität des Wassers und insbeson-dere des Trinkwassers aus dem Bodensee war aber zu keinem Zeitpunkt durch Schwermetalle gefährdet.

Radioaktive Substanzen: die Folgen von Tschernobyl

Im vergangenen Jahrhundert hat sich der Mensch weltweit in den Geschichtsbüchern der Seen verewigt: mit den oberirdischen Atomwaffentests, die in den 1950er und 1960er Jahre radioaktive Substanzen auf die Erde hinabrieseln ließen. Die höchsten Radioaktivitäten in den Niederschlägen wurden in Langenargen am Bodensee im Jahr 1963 mit 150 Becquerel pro Liter gemessen. Der radioaktive Fallout konnte auch für den See nicht ohne Folgen bleiben. In den Sedimenten hatten sich damals dauerhaft künstliche radioaktive Isotope abgelagert: Cäsium-137, Strontium-90 und Plutionium-237.

Mit dem Ende der oberirdischen Kernwaffentests ging auch die weltweit radioaktive Belastung zurück. Doch dann kam der denkwürdige 26. April 1986, als in Tschernobyl Block 4 des dortigen Atomkraftwerks explodierte. Die durch die Explosion und den anschließenden Brand hoch in die Luft geschleuderten radioaktiven Partikel gelangten in den Folgetagen mit nordöstlichen Luftströmungen bis in das Bodenseegebiet. Dort regnete es am 30. April heftig, sodass die Radioaktivität förmlich aus der Atmosphäre herausgewaschen wurde. Entsprechend hoch war die Radioaktivität im Regen: bis zu 8 Kilobecquerel pro Liter wurden als sogenannte Rest-Beta-Aktivität eine Woche später gemessen – also weitaus mehr als nach den Atomwaffentests in den 1960er Jahren.

Von dem hochgiftigen Cocktail an strahlenden Substanzen, die nach dem Tschernobyl-Unfall über dem Bodensee niedergingen, waren vor allem die radioaktiven Cäsiumisotope von Bedeutung. Strontium-90 und Plutionium-237 dagegen wurden in weit geringerem Ausmaß als nach den Atomwaffentests abgelagert. Alle anderen radioaktiven Isotope waren nach Ansicht der Experten im Hinblick auf eine Gefährdung des Trinkwassers oder die Aufnahme durch Fische entweder radiologisch unbedenklich oder nur in relativ geringen Mengen vorhanden. Aber auch die Cäsiumisotope stellten letztlich keine Gefahr für das Trinkwasser oder die im See lebenden Tiere dar. Hier spielten die natürlichen Tonmineral-Schwebstoffe und die Calcitfällung des Bodensees eine wichtige Rolle. Zum einen lagerte sich das Cäsium relativ fest an die im Wasser schwebenden Tonpartikel an, zum anderen riss die Frühjahrs-Calcitfällung die strahlenden Sedimentpartikel rasch in die Tiefe und lagerte das Cäsium dauerhaft im Sediment ein. So kam es, dass die radioaktive Belastung nach kurzer Zeit wieder vorbei war und für die Nahrungskette im See keine ernste Bedrohung darstellte.

Aktuell geht keine Gefahr von radioaktiven Substanzen im See aus. Sowohl im Rohwasser als auch im aufbereiteten Trinkwasser liegt die natürliche Urankonzentration bei 1 Mikrogramm, also 1 Millionstel Gramm pro Liter. Dieser Wert ist übrigens konstant geblieben, seit er beispielsweise von der Bodenseewasserversorgung regelmäßig gemessen wird. Etwas höher liegen die Konzentrationen in manchen Zuflüssen: Hier wurden bis zu 6,4 Mikrogramm pro Liter gemessen. Im Rhein sind es 1,1 bis 1,4 Mikrogramm pro Liter. Dieses Uran wird vom Grundwasser aus uranhaltigen Gesteinen ausgewaschen. Zum Vergleich: Als »lebenslang duldbarer gesundheitlicher Leitwert« für Uran im Trinkwasser wurden vom deutschen Umweltbundesamt 10 Mikrogramm pro Liter vorgeschlagen. Ein europaweit gültiger Leit- oder Grenzwert existiert bisher allerdings nicht.

Organische Verbindungen

Die Gefahren, die von Schwermetallen ausgehen, sind mittlerweile gebannt. Und auch die Folgen des Reaktorunfalls von Tschernobyl hat der Bodensee bewältigt. Dagegen stellen organische Verbindungen immer wieder neue Herausforderungen für den See und seinen Schutz dar. Angesichts der Tatsache, dass weltweit 80.000 bis 100.000 Stoffe vermarktet werden und andauernd neue hinzukommen, ist die Wahrscheinlichkeit groß, dass sich dabei immer wieder manche Verbindungen als Problemstoffe für die Umwelt entpuppen. Beispiele aus jüngster Zeit sind Flammschutzmittel, Unkraut-, Insekten- und Pilzbekämpfungsmittel sowie Rückstände von Pharmaka, die ähnlich wie Hormone wirken (siehe S. 125).

In aller Regel gehen allerdings von diesen Stoffen keine akuten Gefahren aus, vor allem auch deshalb, weil die Verdünnung durch die riesige Wassermenge des Sees ein hervorragender Schutz ist. Auch konnte bisher keine unmittelbare Gefährdung der Tier- und Pflanzenwelt beobachtet werden. Doch weil Gefahren und unvorhersehbare Wirkungen, die sich aus der Kombination verschiedener Stoffe ergeben können, nicht auszuschließen sind, muss im Sinne des Vorsorgeprinzips die Konzentration solcher organischen Verbindungen im See so gering wie möglich gehalten werden. Und am besten ist es, wenn sie erst gar nicht in den See gelangen.

Der Giftanschlag im Bodensee

Der Schock saß tief bei den Menschen rund um den Bodensee, damals im Oktober 2005 und in den Monaten danach: Da hatte jemand versucht, mit dem Pflanzenschutzmittel Atrazin sowohl den Menschen, die ihr Trinkwasser aus diesem See erhalten, als auch dem Ökosystem Bodensee Schaden zuzufügen. Allein diese Absicht der klassischen »Brunnenvergiftung« war erschütternd. Andererseits hatten die in der Nähe der Trinkwasser-Entnahmestelle bei Sipplingen versenkten Giftkanister glücklicherweise keine nennenswerten Folgen, und zwar weder für das Trinkwasser der Bodensee-Wasserversorgung noch für den See selbst. Dazu waren die Atrazinmengen in den Behältern im Vergleich zu der riesigen Wassermenge des Sees zu gering – der Verdünnungsfaktor erwies sich wieder einmal als bester Schutz.

Gleichwohl sorgte der Anschlag dafür, dass die Sicherheitsmaßnahmen bei der von dem Anschlag unmittelbar betroffenen Bodensee-Wasserversorgung danach massiv verstärkt wurden.

Das Salz im See

Auch in Süßwasserseen wie dem Bodensees ist Salz, chemisch Natriumchlorid, vorhanden – allerdings nur in sehr geringer Konzentration: 5 bis 6 Milligramm Chlorid pro Liter. Meerwasser weist demgegenüber im Durchschnitt 3,5 Prozent Salzgehalt auf, also 35 Gramm pro Liter.

Am »Leben« im See nimmt Kochsalz allerdings kaum teil, es lassen sich also keine jahrestypischen Schwankungen wie bei Phosphor oder Silikat beobachten. Bemerkenswerterweise nehmen die Chloridkonzentrationen im Bodensee seit den 1960er Jahren kontinuierlich zu – damals lagen sie noch auf etwa der Hälfte des heutigen Niveaus. Besonders deutliche Anstiege sind dabei in der zweiten Hälfte der 1980er Jahre sowie in jüngster Zeit zu beobachten. Diese Werte sind allerdings nicht als Bedrohung anzusehen – sie liegen für einen Süßwassersee absolut im normalen Rahmen. Doch die zunehmende Aufsalzung insbesondere des Tiefenwassers beschäftigt die Experten vor allem deshalb, weil die genauen Gründe für diese Entwicklung bisher nicht bekannt sind.

Zweifellos spielt die Straßensalzung im Winter eine wichtige Rolle. Doch die genaue Analyse der Daten zeigt, dass dies nicht der alleinige Grund für die zunehmenden Konzentrationen sein kann. Auch die Verwendung von Salz etwa in Geschirrspülmaschinen sowie die bisher bekannten Anwendungen in der Industrie wie zum Beispiel für Entkalkungsmaßnahmen reichen nicht für eine Erklärung aus. Somit geht die Suche der Experten nach den weiteren möglichen »Salzquellen« weiter.

Der Untersee: ein Seeteil mit Eigenleben

Schaut man von hoch oben aus der Luft auf den Bodensee, dann wird sofort klar, dass sich der Untersee deutlich vom Obersee abgrenzt: Dieser Seeteil, der von Konstanz bis zum Ausfluss des Rheins bei Stein am Rhein reicht, ist viel kleiner und nur über einen vergleichsweise schmalen Wasserkörper – den Seerhein – mit dem Rest des Bodensees verbunden. Und wenn man den See entleeren könnte, würde man anschaulich sehen, dass der Untersee auch viel flacher ist. Drei Teile umfasst der Untersee:

- den vom Rhein durchflossenen, bis zu 46 Meter tiefen Rheinsee, der sich am Schweizer Ufer entlang erstreckt und der in seinem Verhalten dem Obersee noch am nächsten kommt;
- den Zeller See vor Radolfzell, der nur rund 26 Meter tief ist;
- den mit 22 Metern ähnlich flachen Gnadensee, der sich vor Allensbach erstreckt; er wird auf der östlichen Seite vom Reichenaudamm begrenzt, während auf seiner westlichen Seite der Markelfinger Winkel eine ziemlich abgeschlossene Bucht bildet.

Diese rein morphologischen, also gestaltmäßigen Eigenheiten haben für die limnologischen Eigenschaften des Untersees einschneidende Folgen: Ihm machen die »Sünden« der Vergangenheit, also vor allem die übermäßige

Anreicherung mit Nährstoffen, viel stärker zu schaffen als dem Obersee. Aber inzwischen ist auch der Untersee eindeutig auf dem Weg der Besserung. Es war in der zweiten Hälfte des vergangenen Jahrhunderts eine gewaltige Herausforderung für die Anliegerländer, die Eutrophierung des Sees zu stoppen. Durch milliardenschwere Investitionen insbesondere bei der Abwasserreinigung gelang es, den Phosphorgehalt im See wieder auf ein natürliches Maß zu senken. Zumindest am Obersee haben sich die gewünschten Erfolge mittlerweile deutlich eingestellt: Seit Anfang der 1990er Jahre wird die Algenbildung weniger, zudem ist auch in der Tiefe immer genügend Sauerstoff vorhanden. Etwas anders sieht es am Untersee aus. Hier liegen die als Eutrophierungsanzeiger wichtigen Phosphorkonzentra-

tionen nach wie vor deutlich höher als im Obersee: Während dort 2005 im Jahresdurchschnitt Werte wie etwa in der Mitte der 1950er Jahren gemessen wurden – also etwa 8 Mikrogramm Phosphor je Liter Seewasser –, waren es im Rheinsee noch 11 und im Zeller See sogar 18 Mikrogramm je Liter.

An diesem Seeteil macht sich vor allem der nach wie vor phosphatreiche Zufluss der Radolfzeller Aach bemerkbar. Eine weitere wichtige Nährstoffquelle ist derjenige Phosphor, der aus den Überresten abgestorbener Tiere und Pflanzen stammt, wozu vor allem das mikroskopisch kleine Plankton zählt. Nachdem diese Biomasse von Mikroorganismen abgebaut wurde, stehen die darin enthaltenen Nährstoffe und damit auch der Phosphor erneut zur Verfügung – oder sie werden im Sediment abgelagert. Bei

Sauerstoffmangel wird dieser abgelagerte Phosphor wieder freigesetzt (siehe S. 62). Im Gegensatz zum tiefen Obersee verläuft dieser interne Phosphorkreislauf im flachen Untersee wesentlich effektiver, das heißt es gelangt deutlich mehr Phosphor in den Wasserkörper und insbesondere auch in die oberen Wasserschichten. Dort ist genug Licht vorhanden, sodass sich bei einem üppigen Nahrungsangebot auch die Planktonalgen reichlich vermehren können.

Bei anderen wichtigen Kenngrößen ist die Situation ebenfalls schlechter als am Obersee. Sorge bereitet vor allem der im Herbst niedrige oder gar fehlende Sauerstoffgehalt in der Tiefe sowie der im Laufe des Sommers kräftig ansteigende Ammoniumgehalt im Tiefenwasser. Analysiert man jedoch die Messdaten der vergangenen Jahrzehnte genauer, sieht die Situation wesentlich erfreulicher aus. Dann wird nämlich deutlich, dass die Konzentration an sauerstoffzehrenden Substanzen in den Wasserschichten am Seegrund seit Jahren stetig abnimmt.

Dies zeigt sich insbesondere beim Ammonium. Es reichert sich im Laufe des Sommers in der Tiefe an, weil Nitrat als chemischer Sauerstofflieferant für Mikroorganismen dient und beim Nitratabbau Ammonium entsteht (siehe S. 64). Somit ist das Ammonium, das sich im Laufe des Sommers und Herbstes über Grund anreichert, ein Maß dafür, wie viel (chemisch gebundenen) Sauerstoff die Mikroorganismen zusätzlich zu dem im Wasser verfügbaren (physikalisch

gelösten) Sauerstoff für ihre Abbautätigkeit benötigt haben. Da aber die Ammoniumkonzentration im Untersee in der Sommerzeit seit Jahren stetig abnimmt, ist dies das positive Zeichen dafür, dass sich auch dieser Seeteil erholt und immer weniger Biomasse unter Sauerstoffverbrauch abgebaut werden muss.

Oben: Der Untersee – ein Seeteil mit Eigenleben.

Unten: Typisch für den Untersee sind ausgedehnte Flachwasserzonen wie hier bei Hegne westlich vom Reichenaudamm.

Das Leben im See

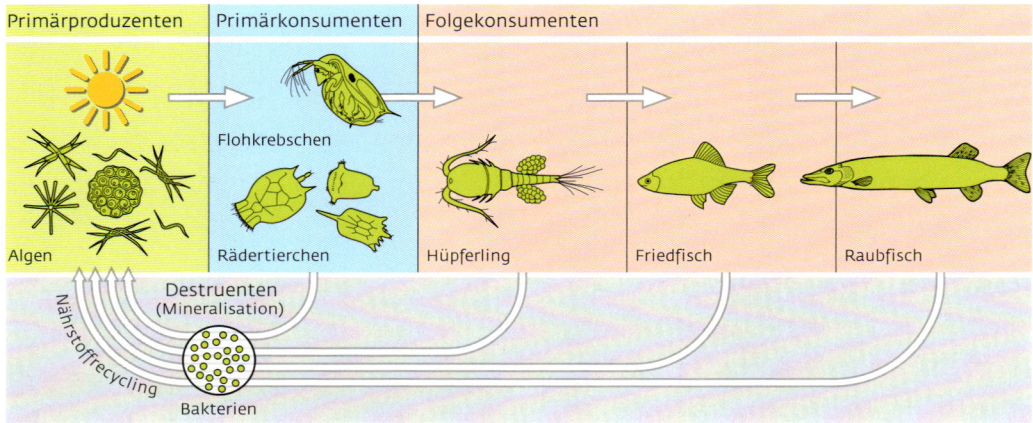

Eine Welt im Kleinen: das Plankton

Die Formen sind schon beeindruckend, ja teilweise sogar bizarr. Wer einen Wassertropfen aus einem See unters Mikroskop legt, der wird von diesem Mikrokosmos begeistert sein: stern-, nadel- und plattenförmige Kieselalgen, zackig-kugelige Grünalgen, becherartige Goldalgen, eifeltürmchenförmige Hornalgen, kompakte Wasserflöhe, zuckende Hüpferlinge, wuselige Geißeltierchen, sackförmige Rädertierchen – die Liste der Formen und Kuriositäten im Reich des »Umherirrenden« oder »Umhertreibenden« (so die Übersetzung des griechischen Wortes Plankton) ist lang. Und wenn man noch Proben von der ufernahen Sedimentoberfläche unter dem Mikroskop anschaut, dann kann man mit etwas Glück noch weitere, höchst merkwürdig anmutende Gebilde finden: wandlungsfähige Amöben etwa oder urige Moostierchen und knuddelige Bärtierchen. Aber die gehören strenggenommen nicht zum Plankton, sondern zu den Benthosorganismen.

Auch in einem so klaren See wie dem Bodensee wird man in jedem Tropfen Wasser – also einem Volumen von etwa

10 bis 20 Mikrolitern – immer noch eines der winzigen Pflänzchen (Phytoplankton) oder tierischen Kleinlebewesen (Zooplankton) unter dem Mikroskop finden. Doch für eine ordentliche Bestandsaufnahme und Auswertung genügt es nicht, das Wasser einfach mit einer Pipette auf den Objektträger zu tropfen. Dazu muss man die Planktonprobe aufkonzentrieren. Am einfachsten geht das mit einem engmaschigen Planktonnetz. Oder man gibt eine Jodlösung zu einer Wasserprobe: Das Jod lagert sich in die Zellen des pflanzlichen Planktons wie auch der Geißeltierchen und anderer winziger Kleinlebewesen ein und macht sie dadurch so schwer, dass sie auf den Boden des Gefäßes absinken. Dort kann man sie dann mit einem speziellen Mikroskop, dem Umkehrmikroskop, von unten ansehen.

Diese Methode ist bei quantitativen Untersuchungen unerlässlich, weil sich nur so sämtliche Zellen – auch die winzig kleinen – in ihrer Gesamtheit erfassen lassen. Dabei wird das Plankton in Größenklassen eingeteilt: Das Picoplankton ist kleiner als 2 Mikrometer (Tausendstel Millimeter). Dazu zählt auch das Bakterienplankton, das meist unter einem Mikrometer klein ist – wobei manche Bakterien aber auch größer sein können. Das Nanoplankton misst zwischen zwei und 30 Mikrometer und das »normale« Plankton, das mit dem Netz gefangen wird, ist größer als 30 Mikrometer.

Geht man zu verschiedenen Jahreszeiten und in verschiedenen Seen auf Planktonfang, wird man schnell feststellen, dass die Artenzusammensetzung stark schwankt. Für die Seenkundler ist diese Zusammensetzung ein wichtiges Indiz für die Güte eines Sees wie auch für seinen Reichtum an Fischnährtieren. Deshalb wird am Bodensee seit mehr als hundert Jahren regelmäßig das Plankton untersucht.

Die einzelnen Mitglieder dieser im Wasser schwebenden Lebensgemeinschaft – so die wissenschaftliche Definition des Planktons – sind auf vielfältige Weise miteinander verbunden. Oft stehen sie in harter Konkurrenz zueinander, wobei sie sich vor allem die zumeist begrenzten Nahrungsvorräte und hier insbesondere den Phosphor wegschnappen. Auch das altbekannte Motto »fressen und gefressen werden« hat unter der Wasseroberfläche seine

Mit einem großen Planktonnetz werden die mikroskopisch kleinen Algen aus den verschiedenen Tiefenstufen eingesammelt.

volle Gültigkeit – schließlich gibt es nicht nur an Land, sondern auch im See Nahrungsketten und Nahrungsnetze. Im Bodensee sieht dieses Mit- und Gegeneinander in einem typischen Jahr folgendermaßen aus: Wenn im Frühjahr die Sonne immer länger und kräftiger scheint, das Wasser allmählich wärmer wird und sich eine Schichtung ausbildet (siehe S. 52), dann geht es auch den kleinen Kieselalgen und einer Reihe anderer kleiner Phytoplanktonarten prima – ihnen stehen nun die wichtigen Nährstoffe Phosphor und Kieselsäure in reichem Maße zur Verfügung. Das wiederum freut die »Vegetarier« unter den Zooplanktern, das herbivore Zooplankton, zu denen in dieser Zeit vor allem die Wasserflöhe (Cladoceren) gehören. Sie grasen die Algen ab, vermehren sich dabei munter und fressen so den See förmlich leer.

Das kann man unschwer erkennen, wenn man von einem Boot aus ins Wasser hinabblickt – oder besser noch einer weißen Scheibe nachschaut, die man an einer Schnur immer tiefer ins Wasser hinablässt: Sie verschwindet erst nach vielen Metern aus den Augen – oft reicht die Sicht im Bodensee Ende Mai, Anfang Juni während dieser als Klarwasserstadium bezeichneten Periode bis zu 10 Meter tief. Dieses nach seinem Erfinder Secchi-Scheibe genannte Messgerät ist so einfach wie genial: Es zeigt die Sichttiefe an und gibt damit einen hervorragenden Hinweis auf die Algendichte; denn je mehr Algen im See sind, desto geringer ist die Sichttiefe.

Allerdings kann auch nach einem Hochwasser die Sicht wegen der dadurch in den See eingetragenen Schwebstoffe deutlich eingetrübt sein. Im Winter wiederum, wenn generell nur wenige Algen im See sind, werden sogar bis zu 15 Meter Sichttiefe gemessen.

Das frühjährliche Klarwasserstadium, diese Hochsaison von Wasserfloh und Co., hält indes nicht lange an. Durch das intensive Abweiden – »grazing« heißt das im Fachjargon – gehen die Algenvorräte langsam zur Neige. So dauert es nicht lange und die Zooplanktonmassen sind weitestgehend weggefressen. Nun haben die Phytoplankter wieder eine Chance, sich erneut zu vermehren, wobei alsbald die immer knapper werdenden Nährstoffressourcen – und hier vor allem der Phosphor – das Wachstum begrenzen. In den nährstoffreichen, den eutrophen Zeiten in der zweiten Hälfte des vergangenen Jahrhunderts bestimmten im Untersee im Sommer über einige Jahre hinweg Grün- und Blaualgen das Bild. Im Obersee waren dagegen stets die Kieselalgen die dominante Algengruppe, zu denen beispielsweise Fragilaria zählt. Allerdings lag der relative Anteil von Grün- und Blaualgen zur Zeit der Hocheutrophierung höher als heute. Mittlerweile herrschen in dieser Zeit im wieder nährstoffärmer gewordenen See vor allem große Kieselalgen vor. Im Sommer fressen zudem die Hüpferlinge (Copepoden) und ihre Larven eifrig Algen, können aber das Phytoplankton nicht mehr so kräftig dezimieren wie die Wasserflöhe im Frühjahr. Auch die Rädertierchen tun sich im Sommerhalbjahr an den Algen gütlich. Andererseits machen sich ab etwa Juli die Fische – und hier insbesondere die Jungfische – sowie die Jägerschaft unter den Zooplanktern – das planktivore oder räuberische Zooplankton – über die herbivoren Zooplankter her und kontrollieren so deren Bestände.

Manchmal kommt es dann im Herbst durch Algenfraß zu weiteren Klarwasserstadien, die allerdings lange nicht so stark ausgeprägt sind wie im Frühjahr. Im Winter schließlich bestimmen beim Phytoplankton die kleinen Kieselalgen und andere kleinere Arten das Bild, beim Zooplankton sind es die Wasserflöhe und Hüpferlinge.

Eine schwebende Pflanzenwelt: das Phytoplankton

Die Kieselalgen (Diatomeen) sind zweifellos die bedeutsamste Gruppe des Phytoplanktons im Bodensee. Das war schon so, als um die Wende vom 19. zum 20. Jahrhundert mit den systematischen Planktonuntersuchungen am See begonnen wurde. Ihren Namen haben sie von dem kieselsäurehaltigen Skelett, mit dem sie ihre Zellen umgeben. Dieses besteht aus zwei Hälften, die wie eine Schachtel mit ihrem Deckel zusammenpassen. Zwei Gruppen sind zu unterscheiden: Da sind zum einen die zentrischen Diatomeen, kleine scheibchenförmige Algen mit Poren, Rippen und Wandverdickungen, die zentrisch oder strahlenförmig angeordnet sind. Besonders beeindruckend sehen diese Gebilde im Rasterelektronenmikroskop aus. Typische Vertreter am Bodensee sind Stephanodiscus-Arten. Im Frühjahr können sich diese Kieselalgen in wenigen Tagen massiv vermehren, wenn die entsprechenden Schichtungs- und Nährstoffverhältnisse für sie optimal sind.

Die Kieselalge Stephanodiscus im Rasterelektronenmikroskop.

Die zweite Gruppe stellen die sogenannten pennaten Diatomeen dar. Diese haben stäbchenförmige Zellen wie Tabellaria fenestrata und Fragilaria crotonensis. Manche von ihnen sehen wie kleine Sterne aus – daher hat auch die Art Asterionella ihren Namen. Die pennaten Kieselalgen können sich übrigens fortbewegen, wenn auch nur kriechend-gleitend. Anzumerken ist noch, dass Kieselalgen wichtige Bestandteile des »Sedimentarchivs« sind (siehe S. 88):
Die Reste ihrer im Sediment abgelagerten verkieselten Skelette lassen sich noch nach langer Zeit den einzelnen Arten zuordnen. Und wenn beispielsweise deren Nährstoffansprüche bekannt sind, kann man fundierte Aussagen über die historische Entwicklung eines Sees machen.

synthese, sie frisst darüber hinaus auch noch gerne Bakterien, ernährt sich also mixotroph. Und wenn sich ihre Beutebakterien vorher ordentlich mit Phosphor vollgepumpt haben, dann steht den Becherbäumchen eine ganz besondere Phosphorquelle zur Verfügung. Erwähnenswert ist auch, dass viele Goldalgen bei ungünstigen Lebensbedingungen Dauerformen mit harten, oft verkieselten Wänden bilden – auch diese Überreste werden dann wie die Kieselalgen-Skelette im Sediment konserviert. Weiterhin gehören zu den dominanten Gruppen im Bodensee die Schlundalgen (Cryptophyceen). Zeitweise sind auch die Panzerflagellaten häufig, von denen einige in regelrechte Panzer gehüllt sind – daher der Name. Ein charakteristischer Vertreter ist die zur Untergruppe der

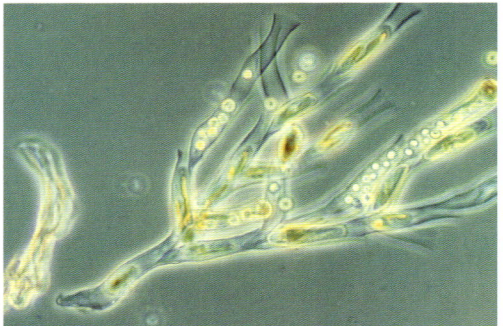

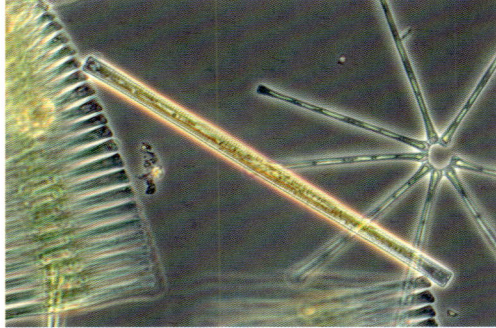

Links: Sieht aus wie ein kleines Becherbäumchen und heißt auch so: die Goldalge Dinobryon divergens.

Rechts: Die Kieselalge Fragilaria ulna.

Als weitere dominierende Gruppe im Bodensee sind die Goldalgen (Chrysophyceen) zu nennen. Typische Vertreter sind die Mallomonas- und Dinobyron-Arten. Die ersten sehen wie Wuschelköpfchen aus, die zweiten wie Becherbäumchen. Dinobryon bestreitet ihren Lebensunterhalt nicht nur durch Photo-

Feueralgen gehörende Hornalge Ceratium hirundinella, eine mit Panzer und Geißel ausgerüstete Alge, die wie ein kleiner Eiffelturm aussieht.
Neben diesen dominanten Gruppen gibt es noch zahlreiche weitere Algenarten im Bodensee, die aber – wie beispielsweise die Grünalgen (Chlorophyceen) und

inzwischen auch die Blaualgen (Cyano-bakterien) – keine große Rolle (mehr) spielen. Durch die sich ändernden Umweltbedingungen treten auch immer wieder neue Arten auf, während andere verschwinden. Zu erwähnen ist auch, dass durch die Systematiker immer wieder Arten umbenannt werden – die gleiche Art also plötzlich unter neuem Namen auftaucht.

Neben dem frei im Wasser schwebenden Phytoplankton gibt es noch diejenigen Algen, die auf dem Seeboden und manchmal auch auf Wasserpflanzen siedeln, das sogenannte Phytobenthos. Dies gehört allerdings nicht zur Lebensgemeinschaft der Freiwasserzone, sondern zum Ökosystem Flachwasserzone. Dessen Zusammensetzung ist auch ganz anders als diejenige des Phytoplanktons. Allerdings kann man in ufernahen Planktonproben oft auch benthische Algen aus dieser Lebensgemeinschaft finden – was dann ein Indikator dafür ist, dass Sedimente aus der Flachwasserzone aufgewirbelt und im Wasser verteilt wurden. Beim Phytobenthos bestimmen ganzjährig Kieselalgen das Bild. Während der Hocheutrophierung hatten allerdings im Sommer und Herbst Grünalgen ihre große Zeit – zum Beispiel die fadenförmigen Cladophora- und Oedogonium-Arten. Doch zurück zum Phytoplankton. Im Jahresdurchschnitt liegt dessen Biomasse heute unter 10 Gramm pro Quadratmeter und der Chlorophyll-a-Gehalt unter 3 Mikrogramm je Liter. Dabei sind allerdings im Sommer teilweise deutlich höhere und im Winter niedrigere Dichten festzustellen. Daher kann man in den Wintermonaten wegen des dann geringeren Algenwachstums zwischen 10 und 15 Meter weit in den See hinabblicken, im Sommer, wenn die Algen munter wachsen, dagegen oft nur 5 Meter.

Das war in den vergangenen Jahren allerdings keineswegs immer so – die Eutrophierung machte sich naturgemäß auch beim Phytoplankton bemerkbar. Wie Sedimentkerne und frühe Planktonzählungen belegen, dominierten um die Wende vom 19. zum 20. Jahrhundert im Obersee die typischen Vertreter tiefer nährstoffarmer Alpenrandseen, darunter insbesondere die zu den Kieselalgen gehörenden Cyclotella-Arten. Insgesamt wurden zudem weitaus geringere Zelldichten als in der zweiten Hälfte des 20. Jahrhunderts registriert. Doch dann begann ein wahrer Verdrängungskrimi: Arten, die nährstoffreichere Verhältnisse bevorzugen, gewannen zunehmend die Oberhand im See. Zunächst traten neue Arten wie zum Beispiel die Fenster-Kieselalge Tabellaria fenestrata auf, und das gleich massenhaft. Insgesamt nahm die Biomasse zu und auch höhere Spitzenwerte in den Biomassen wurden registriert. Die Verlierer waren die früher dominanten Cyclotella-Arten. Aber auch Tabellaria fenestrata war nur ein Übergang: Sie wurde durch die kleinen, ebenfalls zu den Kieselalgen gehörenden Stephanodiscus-Arten verdrängt. Schließlich tauchten die Blaualgen auf, die wie etwa

Anabaena und Aphanizomenon typisch für nährstoffreichere Verhältnisse sind. Zum Teil kam es in dieser Zeit zu wahren Massenentwicklungen, auch Algenblüten genannt.

Mit dem Beginn der 1980er Jahren wurde der See wieder nährstoffärmer. Dadurch wurde auch die Phytoplankton-Uhr sozusagen wieder zurückgedreht, wenn auch mit einer gehörigen Zeitverzögerung ab etwa Mitte der 1980er Jahre. So tauchte plötzlich die Fenster-Kieselalge wieder häufiger auf, auch die verschwundenen Cyclotella-Arten kamen zurück. Dagegen waren nun die nährstoffliebenden Kieselalgen auf dem Rückzug wie etwa Stephanodiscus hantschii, die in der eutrophen Zeit eine der vorherrschenden Arten war, seit Mitte der 1990er Jahre aber weitestgehend verschwunden ist. Vor allem aber ging der Anteil der nährstoffliebenden Blaualgen deutlich zurück. Der Erfolg der Reinhaltemaßnahmen zeigte sich beim Phytoplankton mithin zunächst in qualitativer Weise, also in einer Verschiebung der Artenzusammensetzung. Erst danach kamen die quantitativen Veränderungen, wobei sich bei der Gesamtbiomasse beziehungsweise dem Biovolumen des Phytoplanktons lange kein so eindeutiger Trend wie bei der Artenzusammensetzung zeigte. Vielmehr gab es Überlagerungen der zu- und abnehmenden Trends bei den einzelnen Arten. Insgesamt zeigt sich aber seit der zweiten Hälfte der 1980er Jahre ein mäßig abnehmender Trend der Jahresmittelwerte, wobei die Biomassen zunächst in den Sommermonaten geringer wurden. Eindeutig ist allerdings, dass die für nährstoffreiche Verhältnisse typischen Algenblüten immer seltener geworden sind.

Interessanterweise gab es im gesamten 20. Jahrhundert aber auch Arten, die sich – allen Veränderungen bei den Nährstoffverhältnissen zum Trotz – eisern im See hielten und halten. Dazu zählen beispielsweise die Kieselalgen Asterionella formosa und Fragilaria crotonensis.

Tierische Kleinstlebewesen: das Zooplankton

Beim Stichwort Krebse denkt man unwillkürlich an zwickende Scheren und schmackhafte Schwänze, also an den Flusskrebs und seine nahen Verwandten (siehe S. 90). Doch die Crustaceen, wie die Krebstiere wissenschaftlich heißen, sind ein weitaus größerer »Verein«: Zoologisch gesehen gehört dieser Unterstamm zum Stamm der Gliederfüßer (Arthropoden), bei dem auch die Insekten zu Hause sind. Zwei Kleinkrebsgruppen spielen dabei im Bodensee eine wichtige Rolle: die Blattfußkrebse (Phyllopoden), bei denen vor allem die Wasserflöhe (Cladoceren) bekannt sind, und die Ruderfußkrebse oder Hüpferlinge (Copepoden).

Von den Kleinkrebschen gibt es viele biologisch interessante Geschichten zu erzählen. Dazu gehört zum Beispiel, dass die Wasserflohdamen in guten Zeiten kurzerhand auf Männchen verzichten und sich per Jungfernzeugung, also

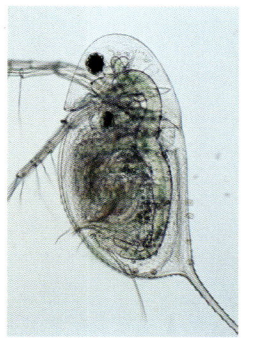
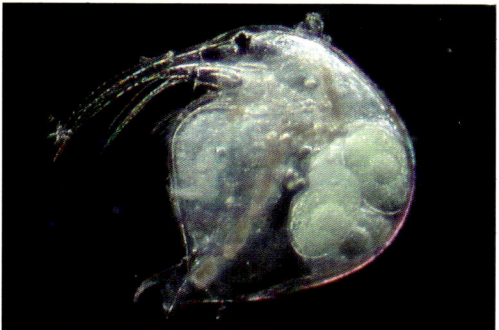
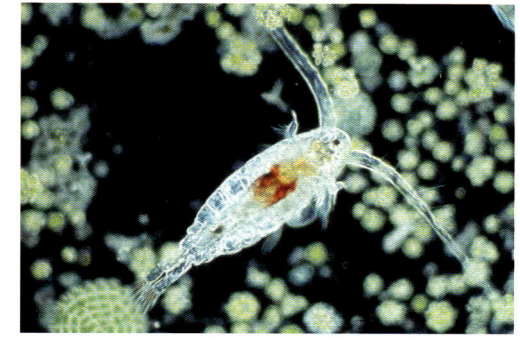

parthenogenetisch, fortpflanzen: Im Brutraum auf dem Rücken entwickeln sich die Eier zu jungen Wasserflöhen, die wie Miniaturausgaben ihrer Mütter aussehen – Larvenstadien gibt es bei den Clodoceren nicht. Wenn sich aber die Lebensumstände verschlechtern, also Futter oder Sauerstoff knapp werden oder es – wie am Bodensee der Fall – schlicht Herbst wird, erinnern sich die Daphnien daran, dass es auch eine sexuelle Fortpflanzung gibt: Nun tauchen plötzlich Männchen auf und befruchten die Eier. Diese sind dann von einer derben Hülle umgeben und können daher schlechte Zeiten als sogenannte Dauereier gut überstehen. Erst wenn sich die Lebensbedingungen wieder verbessert haben – es am Bodensee also wieder Frühjahr wird –, schlüpft der Nachwuchs aus diesen Dauereiern. Allerdings sind das dann nur Mädchen. Und die pflanzen sich wieder parthenogenetisch fort, womit der Kreislauf geschlossen wäre. Nicht alle Wasserflöhe sind übrigens friedliche Phytoplanktonfiltrierer. Manche leben auch räuberisch wie etwa die wunderschön grazile Art Leptodora kindii. Dieser Glaskrebs ist durchsichtig,

sodass er sich trotz seiner erstaunlichen Größe von etwa einem Zentimeter nur schwer im Wasser erkennen lässt, also prima getarnt ist. Ansonsten sind Daphnien bei den Fischen besonders beliebte Beutetiere. Zum einen lassen sie sich vor allem wegen ihrer großen Augen gut orten, zum anderen sind sie relativ langsam – ganz im Gegensatz zur zweiten großen Kleinkrebsgruppe im Bodensee, den Hüpferlingen. Die sind lang gestreckt und können, wie der Name schon sagt, mit ihren vier kräftigen Beinpaaren förmlich hüpfend durchs Wasser fliehen, wobei sie viel schneller als die rundlichen und eher behäbigen Wasserflöhe sind. Und weil auch Fische gerne Zeit und Energie sparen, jagen sie viel lieber Wasserflöhe als Hüpferlinge.

Besonders auffällig sind bei den Copepoden das lange Antennenpaar und das einzige große rote Auge. Die Erinnerung an den einäugigen Zyklopen in der Odyssee hat daher einer Gattung den Namen Cyclops eingetragen. Zwei Gruppen dominieren bei den Hüpferlingen, die sich im Aussehen und in ihrer Lebensweise unterscheiden. Da sind zum einen

Von links nach rechts:

Wasserflöhe sind Vegetarier – und können den See im Frühjahr förmlich leerfressen.

Der Wasserfloh Bosmina im Porträt.

Hüpferlinge – im Bild Eudiaptomus gracilis – bewegen sich mit Hilfe ihrer großen Antennen ruckartig im Wasser fort.

die Cyclops-Arten, die kein Herz haben und bei denen die Weibchen ihre Eier in zwei Säckchen links und rechts und links am Hinterleib mit sich herumtragen. Sie leben sowohl als Räuber wie auch als Aas- und Algenfresser. Dagegen ernähren sich die Hüpferlinge der Diaptomus-Gruppe als Strudler. Sie weisen ein Herz auf und die Weibchen haben nur einen Eisack.

Im Gegensatz zu den Wasserflöhen haben die Hüpferlinge mit Jungfernzeugung nichts am Hut, Männchen und Weibchen kommen stets gleichzeitig vor und produzieren normal befruchtete Eier. Diese tragen die Weibchen dann als Ballen am Hinterleib mit sich herum, bis der Nachwuchs schlüpft – und zwar in Form von sogenannten Nauplius-Larven. Diese sind rundlich, haben nur wenige Gliedmaßen und ein rotes Stirnauge. Sie sehen daher ihren Eltern zunächst überhaupt nicht ähnlich. In mehreren Schritten und Häutungen entwickeln sie sich dann über die sogenannten Copepoditstadien zu erwachsenen Hüpferlingen.

Dabei schieben manche Arten noch eine ganz besondere Zwischenrunde ein, nämlich ein Ruhestadium, bei dem sie in den Boden kriechen. Cyclops vicinus ist so eine Art, die zudem am Bodensee Geschichte geschrieben hat. Im Zuge der Nährstoffanreicherung eroberte dieser räuberische »Neubürger« ab 1954 den See – und hat dabei vermutlich seinen angestammten Vetter Heterocope borealis ausgetrickst. Dieser große und für den Bodensee typische Ruderfuß-

krebs legte seine Eier zunächst einzeln ins freie Wasser ab. Diese sanken auf den Grund, wo dann im Frühjahr die Nauplien schlüpften und nach oben stiegen. Dort konnten sie sich in den Zeiten vor 1954 ungestört zu den erwachsenen Tieren entwickeln. Danach jedoch tauchten die erwachsenen Vicinus-Exemplare dank ihres Ruhestadiums aber just zu einem Zeitpunkt im See auf, zu dem der eigentlich doppelt so große Heterocope erst in kleineren – und damit leicht zu überwältigenden – Jugendstadien im See herumschwamm. Lange konnte dieses Ungleichgewicht ganz offensichtlich nicht gut gehen: Ab etwa 1960 war Heterocope aus dem Bodensee verschwunden – ob ihm letztlich wirklich Vicinus den Garaus gemacht hat, lässt sich zwar nicht beweisen, es liegt aber zumindest nahe.

Auch in jüngster Zeit mischt eine neu eingewanderte Art die Crustaceen-Gemeinschaft auf: Seit 2002 befindet sich der Große Höckerflohkrebs (Dikerogammarus villosus, siehe S. 143) auf Eroberungskurs, der sich allerdings in der Flachwasserzone aufhält. Da er sich recht eifrig fortpflanzt und ziemlich aggressiv ist, macht er besonders dem schon vor längerer Zeit in den Bodensee eingewanderten Flohkrebs Gammarus roeseli zu schaffen. Darüber hinaus sind der Aufrechte Flohkrebs (Crangonyx pseudogracilis) und die Donau-Schwebegarnele (Limnomysis benedeni) wichtige Neozoen, über deren Bedeutung für das Ökosystem See nun intensiv geforscht wird. Einen festen Platz im freischwimmen-

den Plankton haben auch die Larvenstadien der Dreikantmuschel Dreissena
polymorpha gefunden, die ab 1965 den
See erobert hat (siehe S. 141).
Die Wasserflöhe und die Hüpferlinge
spielen zweifellos die wichtigste Rolle
im Zooplankton des Bodensees – auch
im Hinblick auf ihre Funktion in der
Nahrungskette als Fischnährtiere. Doch
die Welt der Klein- und Kleinsttiere
ist noch weitaus vielfältiger. Allein
die Gruppe der Rädertiere (Rotatorien)
wartet mit einer erstaunlichen Formen-
varianz auf: Da gibt es die völlig durchsichtigen und sackförmigen Asplanchna-
Arten. Andere wie etwa Keratella qua-
drata haben einen quadratisch-panzer-
artigen Körper. Wieder andere, zum Beispiel Kellicottia longispina, sind gerten-
schlank und verfügen über eine Art Fuß.

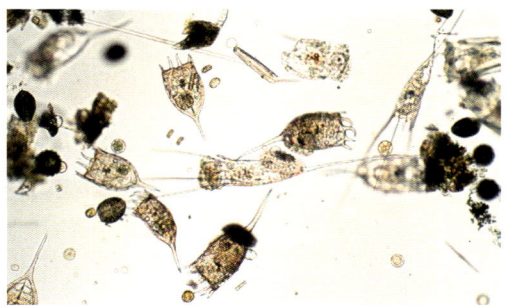

Und dann sind da noch die Conochilus-
Arten, bei denen sich bis zu 25 tütenför-
mige Individuen in einer gemeinsamen
Gallerthülle zu kugeligen Kolonien
zusammenfinden.
Ihren Namen haben die Rädertiere –
die übrigens zu den Schlauchwürmern
(Aschelminthes) gehören – von dem
typischen Räderorgan. Dieser Kranz aus
Wimpern am Vorderende des Körpers
sorgt wie ein Propeller für einen beachtlichen Vortrieb, darüber hinaus wird
so Nahrung herbeigestrudelt: Algen,
kleine Geißeltierchen, zusammenge-
klumpte Bakterien. Allerdings gibt es
auch unter den Rädertierchen Räuber:
das erwähnte Sackrädertier Asplanchna
zum Beispiel, das seine Kauladen zan-
genförmig aus der Mündöffnung
herausklappt und kleinere Rädertiere
ergreift und frisst.
Darüber hinaus spielen noch die Flagellaten eine Rolle, kleine, meist ovale
Tierchen, die sich mit Hilfe von Geißeln
vorwärts bewegen. Die Augentierchen
(Euglenophyta) sind zwar ein bekanntes
(Schul-)Beispiel für diese Mischung aus
Tier und Pflanze, sie kommen aber im
Bodensee kaum vor. Einerseits können
sie sich mit Hilfe des Sonnenlichts (auto-
troph) ernähren, andererseits nehmen
sie organische Substanz, teilweise sogar
Bakterien und Wimpertierchen, als
Nahrung auf, sind dann also hetero-
troph. Einen bedeutenden Anteil am
Algen fressenden Plankton haben auch
die Ciliaten, die Wimperntiere, deren
Körper von einem Wimpernkleid
umgeben ist, mit dessen Hilfe sie durchs

Oben: Ist durchsichtig und sieht
aus wie ein Sack: das Sackräder-
tierchen Asplanchna priodonta.

Unten: Die Rädertierchen der
Gattung Keratella treten in
verschiedenen Arten im
Bodensee auf.

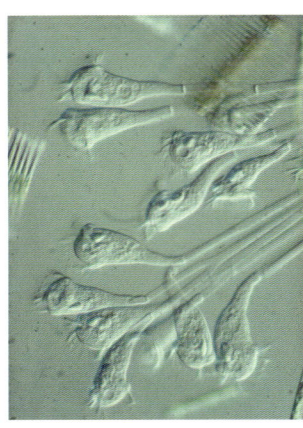

Auch Wimpertierchen wie hier die Kolonien bildende Vorticella haben einen erheblichen Anteil am Stoffumsatz des Sees.

Wasser flitzen und Nahrung herbeistrudeln können. Die Glockentierchen (Vorticellen) gehören zu dieser Gruppe. Ihr glockenförmiger Zellkörper sitzt an einem langen Stiel, der beispielsweise an großen Kieselalgen angeheftet ist. Oft bilden sie auch ganze Kolonien. Schließlich soll noch ein Tier nicht unerwähnt bleiben, das zwar viel größer ist, das aber wegen seiner Wanderungen im See ebenfalls zum Zooplankton gezählt wird: die Glas- oder Büschelmückenlarve Chaoborus, die allerdings nur im Untersee in nennenswerten Mengen vorkommt. Sie hat sich eine ganz besondere Überlebensstrategie ausgedacht. Tagsüber verbergen sich diese weitgehend durchsichtigen Insektenlarven in der Nähe des Seebodens oder sogar gleich im Schlamm, der in nährstoffreichen Seen durchaus sauerstofflos und schwefelwasserstoffhaltig sein kann, also für die meisten Lebewesen giftig ist. In dieser bemerkenswerten ökologischen Nische sind diese Tiere hervorragend vor ihren Hauptfeinden, nämlich hungrigen Fischen, geschützt. Im Schutz der dunklen Nacht gehen die Glasmückenlarven dann selbst auf Jagd. Weil aber ihre Beutetiere – bevorzugt Wasserflöhe und Hüpferlinge – üblicherweise nicht in der Tiefe, sondern in den oberen Schichten des Sees herumschwimmen, müssen sich die Jäger auf den weiten Weg nach oben machen. Haben sie mit ihren zu Greifarmen umgewandelten Antennen ein Opfer ergattert, geht es wieder nach unten. Der »Heimweg« ist allerdings ungleich

gefährlicher: Mit der dunklen Beute im Darm sind sie nämlich nicht mehr so gut getarnt und können daher leichter von hungrigen Fischen entdeckt und gefressen werden. Angemerkt sei, dass auch andere Tiere solche Vertikalwanderungen durchführen, so zum Beispiel die Wasserflohart Daphnia hyalina. Insgesamt, das soll dieser kurze Streifzug durch die Welt der Kleinsttiere im See zeigen, ist das Zooplankton also eine sehr heterogene Gemeinschaft, deren vielfältige Lebensweise schon früh die Neugier der Biologen geweckt hat: Die ersten Zooplankton-Untersuchungen datieren aus dem Jahr 1890. Ab den 1950er Jahren erfolgte eine kontinuierliche Probenahme im Überlinger See, seit 1961 wird der Obersee in der Seemitte an der Station zwischen Fischbach und Uttwil im Rahmen der regulären See-Überwachung üblicherweise zweimal im Monat beprobt. Gefangen werden die Zooplankter mit einem Schließnetz, das gezielt in einer bestimmten Wassertiefe geschlossen werden kann. Auch Zooplanktonfallen gibt es: ein Plastikrohr, oben und unten mit einem verschließbaren Deckel versehen. In der gewünschten Tiefe schließt man die Deckel automatisch, indem man das Gerät wieder nach oben zieht – schon sitzen die Zooplankter in der Falle und können an der Seeoberfläche mit einem Sieb herausgefischt werden.

Dank der regelmäßigen Untersuchungen sind auch beim Zooplankton die Folgen der Nährstoffanreicherung und danach der Reoligotrophierung gut dokumentiert. Noch in der ersten Hälfte des vergangenen Jahrhunderts war im Bodensee die Crustaceen-Gemeinschaft von den Hüpferlingen (Copepoden) dominiert – und zwar sowohl hinsichtlich der Zahl der Individuen, der Abundanz, als auch der Biomasse. Die Wasserflöhe (Cladoceren), die Planktonalgen aus dem Wasser filtrieren, spielten nur eine untergeordnete Rolle. Ab den 1950er Jahren wurden dann die Jahre fetter – und prompt reagierte auch das Zooplankton: Allmählich bekamen die Wasserflöhe die Oberhand. Der See

wurde, wie bereits erwähnt, massenhaft von Cyclops vicinius besiedelt, andere Arten wie Heterocope borealis und Diaphanosoma brachyurum verschwanden – wobei letztere mittlerweile wieder regelmäßiger Bestandteil des Zooplanktons ist. Die Dominanz der Wasserflöhe dauerte dann bis Mitte der 1990er Jahre. Danach kam es beispielsweise bei der wichtigen Wasserflohgattung Daphnia zu deutlichen Einbrüchen – auch das Zooplankton reagierte nun zumindest in seiner Artenzusammensetzung auf die nährstoffärmeren Verhältnisse.

Plankton und Reoligotrophierung

Nach der rasanten Nährstoffanreicherung des Sees, der Eutrophierung, setzte ab der zweiten Hälfte der 1970er Jahre durch die Reinhaltemaßnahmen im Einzugsgebiet des Sees die Reoligotrophierung ein, also der Prozess des Nährstoffrückgangs. Im Hinblick auf das Plankton ist dies eine sehr komplexe Entwicklung. Da ist zum einen die Konkurrenz der einzelnen Zooplanktonarten um die gemeinsamen Nahrungsressourcen, wobei die Fraßvorlieben sowie die Fressbarkeit der einzelnen Phytoplanktonarten eine wichtige Rolle spielen. Wenn aber eine bevorzugte, leicht fressbare Algenart abgeweidet ist, ändern sich auch die Wachstumsbedingungen für die übrigen Phytoplanktonarten, die in dieser Zeit im See vorkommen. Somit verschiebt sich die Artenzusammensetzung des Phytoplanktons – und dies hat wiederum Auswirkungen auf das phytoplanktonfressende Zooplankton. Und weil

dies wiederum die Nahrungsgrundlage für die räuberischen Zooplankter und vor allem für die Fische darstellt, ergeben sich weitere komplexe Wechselwirkungen.

Als Fazit kann festgehalten werden, dass sich die Reoligotrophierung – wie schon zuvor die Eutrophierung – sowohl beim Phyto- als auch beim Zooplankton vor allem in einer Verschiebung der Artenzusammensetzung zeigt. Inzwischen sind diejenigen Arten, die an nährstoffärmere Verhältnisse besser angepasst sind, wieder aus der Versenkung gekommen und finden sich nun wieder häufiger. Darüber hinaus ist beim Phytoplankton mittlerweile auch eine mäßige Abnahme der Gesamtbiomasse zu beobachten. Einige Zooplanktonarten sind ebenfalls deutlich zurückgedrängt worden; doch ob dies auf die Reoligotrophierung zurückzuführen ist, lässt sich wegen der geschilderten komplexen Zusammenhänge noch nicht abschließend beurteilen.

Von Wolken und Wanderungen

Nein, einheitlich im See verteilt ist weder das Phyto- und schon gar nicht das Zooplankton. Zeitweise sammeln sich regelrechte Phytoplanktonwolken in manchen Buchten an. Oder die Zooplankter schichten sich in einer bestimmten Wassertiefe ein. Auch tägliche Vertikalwanderungen sind an der Tagesordnung, so beispielsweise bei der Büschelmückenlarve Chaoborus oder der Wasserfloh Daphnia hyalina.

Erheblich sind auch die Unterschiede zwischen Ober- und Untersee – was allerdings angesichts der unterschiedlichen Tiefe der beiden Seebecken sowie ihres Nährstoffgehalts wenig verwundert (siehe S. 72). So unterscheidet sich beim direkten Vergleich des Zooplanktons in den beiden Becken vor allem das Crustaceen-Plankton sehr deutlich voneinander, während sich die Rädertier-Gemeinschaft ziemlich ähnelt. Im Untersee beherrschten vor allem kleine Arten wie etwa die zu den Wasserflöhen gehörende Gattung Bosmina das Bild. Große Wasserflöhe und Hüpferlinge waren dagegen weitaus seltener als im Obersee. Das ist insbesondere für die Felchen von Bedeutung, die sich mit Vorliebe von den großen Zooplanktern ernähren. Umgekehrt könnten gerade die vielen hungrigen Felchen im Untersee den Druck auf diese Beuteplankter so erhöhen, dass diese nur mit Mühe – und daher in erheblich geringerer Zahl– überleben können.

Winzig klein: Bakterien und Picoplankton

Am Bildschirm herrscht dichtes Schneegestöber. Allerdings hat nicht etwa eine Störung die Technik lahmgelegt, vielmehr kommen der Unterwasserkamera, die gerade in Richtung Seeboden fährt, unzählige weiße Partikel entgegen. Weil diese am Bildschirm oben im Begleitschiff wie große Schneeflocken aussehen, haben die Seenkundler den Begriff »Lake snow – Seeschnee« für diese gut sichtbaren organischen Aggregate geprägt.

Lake snow entsteht vor allem dann, wenn Planktonblüten zusammenbrechen und sich die Überreste von Phyto- und/oder Zooplanktern zusammenballen. Damit stellen diese wandernden »Planktonfriedhöfe« ein gefundenes Fressen für Bakterien aller Art dar – wobei anzumerken ist, dass diese sich keineswegs nur auf den Lake snow konzentrieren, sondern auch in reichem Maße frei im Wasser »herumschwimmen«. Zusammen mit den einzelligen Urtierchen (Protozoen) sind sie sozusagen die Müllmänner im See: Wenn es um die Beseitigung der Ausscheidungen von Lebewesen sowie den Aufschluss abgestorbener Plankter, Pflanzen und Tiere geht, dann sind diese Mikroorganismen zur Stelle. Sie setzen anorganische Nährstoffe und organische Verbindungen wieder frei und stellen sie der Lebensgemeinschaft im See erneut zur Verfügung – die perfekte Kreislaufwirtschaft also. Dabei decken sie natürlich auch ihren eigenen Energie- und Substanzbedarf.

»Microbial loop« heißt dieser Teil des Nahrungsnetzes, bei dem es um die Verwertung der im gesamten See anfallenden Überreste, des Detritus, geht. Wie effektiv dieser Abbau beispielsweise in den Lake-snow-Aggregaten funktioniert, zeigen unter anderem die Konzentrationen an Aminosäuren, also der Abbauprodukte von Eiweißen, im Innern dieser Gebilde: Sie sind bis zu hundert Mal höher als im umgebenden Wasser.

Weiterhin dienen Bakterien anderen Mitgliedern der See-Lebensgemeinschaft als Nahrung, den Rädertieren etwa oder den Wasserflöhen, die sie mit ihrem feinen Filterapparat aus dem Wasser herausholen können. Dieser Nahrungsquelle bedienen sich zudem viele kleine Urtierchen, darunter Geißel- und Wimperntierchen, aber auch beispielsweise die zu den Pflanzen zählenden Dinobyron-Arten (Becherbäumchen).

Im Nahrungsnetz des Bodensees spielen also neben den autotrophen – sich selbst ernährenden – pflanzlichen Produzenten und den heterotrophen – von organischer Materie lebenden – tierischen Konsumenten die sogenannten Destruenten als dritte Gruppe eine ganz wichtige Rolle – und zwar sowohl im Hinblick auf ihre Biomasse als auch ihre Funktion als »Recycler«. Zu diesen mikroskopisch kleinen heterotrophen oder mixotrophen – also sowohl auto- als auch heterotrophen – Mikroorganismen zählen neben den Bakterien auch die bereits erwähnten einzelligen Urtierchen (Protozoen) und hier vor allem die Geißeltierchen (Flagellaten) und Wimpertierchen (Ciliaten). An der Produktivität eines Gewässers sind sie maßgeb-

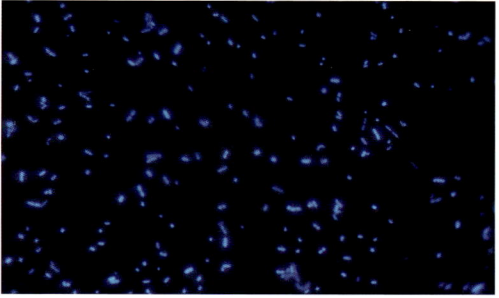

lich beteiligt – und zwar in oft weitaus höherem Ausmaß als früher angenommen.

In den 1990er Jahren beschäftigte sich ein großer Sonderforschungsbereich der Deutschen Forschungsgemeinschaft insbesondere mit den Stoffumsätzen am Bodensee. In einer ganzen Reihe von Forschungsprojekten wurde dabei die tragende Rolle der Bakterien und anderer winziger Planktonorganismen im See herausgearbeitet. Dabei erkannten die Wissenschaftler erst seit Ende der 1980er Jahre, dass zum Beispiel das autotrophe Picoplankton auch im Bodensee eine nicht zu vernachlässigende Rolle spielt. Der wichtigste Teil dieser Planktonfraktion sind dabei die Blaualgen (Cyanobakterien, siehe S. 79). In der Freiwasserzone machten sie zwar meist weniger als 5 Prozent – manchmal allerdings auch bis zu 20 Prozent – der Phytoplanktonbiomasse aus, doch bei detaillierten Messungen in den 1990er Jahren konnten sie bis zu zwei Drittel der Primärproduktion erbringen. Am Bodensee gehören zu dieser Gruppe vor allem Angehörige der Gattung Synechococcus. Neue Bestandsaufnahmen deuten allerdings darauf hin, dass die Menge des autotrophen

Oben: Mit dem Sedimentstecher werden Sedimentkerne aus dem Seegrund geholt.

Unten: Teilt man einen Sedimentkern in zwei Hälften, lässt sich gut die Schichtung sehen, die den Jahresringen bei Bäumen ähnelt.

Pikoplanktons in jüngster Zeit eher ab- als zugenommen hat.

Ein ganz bestimmtes Bakterium sei zum Schluss noch gesondert erwähnt: Escherichia coli. Zusammen mit anderen Bakterien kommt es im Darm von Säugetieren und damit auch vom Menschen vor. Findet man diese »Fäkal-Indikatoren« im Wasser eines Sees, dann ist dies ein deutliches Zeichen dafür, dass ungereinigtes Abwasser in den See geflossen ist. Möglich wird dies auch am Bodensee etwa dann, wenn nach heftigen Regenfällen die Kläranlagen die ihnen zufließenden Wassermengen nicht mehr verarbeiten können und dann – wenn auch stark verdünnt – Abwasser in die Zuflüsse und den See gelangt. Deswegen ist es in der Vergangenheit gelegentlich vorgekommen, dass das eine oder andere Strandbad in der Nähe einer Flussmündung vorübergehend schließen musste, weil die Konzentration an Escherichia coli zu hoch war. Insgesamt jedoch sind fäkale Keime im Bodensee in verschwindend geringer, meist kaum messbarer Konzentration enthalten.

Der Seeboden: Archiv und Lebensraum

Das Geschichtsbuch eines Sees – so nennen die Limnologen gerne die Sedimentablagerungen am Grund eines Gewässers. Und sie haben Methoden entwickelt, um die Geschichten in den »Sedimentbüchern« lesen zu können. Diese berichten über bodenlebende Organismen, über die vom Menschen stammenden Schadstoffe im Sediment, über die von außen eingetragenen Nährstoffe und über die natürlichen Ablagerungen im See selbst – etwa die Reste von Kieselalgen (siehe S. 78). Mit Hilfe bekannter Ereignisse lassen sich diese Geschichtsbücher eichen: So haben insbesondere die Atombombentests in den 1950er und 1960er Jahren sowie die Reaktorkatastrophe von Tschernobyl 1986 auch am Bodensee bleibende Spuren in Form von Radioisotopen in einer ganz bestimmten Schicht der Sedimente hinterlassen (siehe S. 68).

In der Vergangenheit beschäftigten sich mehrere Forschungsprojekte mit diesem »Geschichtsbuch« und vor allem auch mit den Tieren, die im Sediment leben: dem Makrobenthos. Untersuchungen zur Tierwelt des Seebodens gab es schon zu Beginn des 20. Jahrhunderts. In den 1930er Jahren folgte dann eine vergleichende Untersuchung zum Makrobenthos der Voralpenseen, die in eine erste »benthosbezogene Seentypologie« mündete. In den 1950er Jahren wurde dann die erste Gütekarte des Sees auf der Grundlage der Benthosbesiedelung erstellt. Diese Untersuchungsmethode wurde in den folgenden Jahrzehnten regelmäßig wiederholt. So ließen sich die Reaktionen der bodenbewohnenden Lebensgemeinschaft auf die Nährstoffanreicherung des Sees gut dokumentieren. In jüngster Zeit war vor allem das umfangreiche Forschungsvorhaben BUS (Bodensee-Untersuchung-Seeboden) von Bedeutung. Und im Rahmen des Projekts FIREBO (Fischfreundliche Renaturierung Bodensee, siehe S. 102) wurde neben der Fischfauna auch die Tierwelt der Sedimente im Flachwasser eingehend untersucht, weil für viele Fische das Makrobenthos eine wichtige Nahrungsquelle darstellt.

Zu den wichtigsten Aufgaben solcher Forschungsprojekte gehört die detaillierte Beschreibung der am und im Seeboden vorkommenden tierischen und bakteriellen Lebensgemeinschaften. Zu den mit bloßem Auge, also makroskopisch erkennbaren Tieren gehören vor allem verschiedene Arten von Würmern und Insektenlarven, wobei hier insbesondere die Larven der Zuckmücken (Chironomiden) von Interesse sind. Bei den Würmern wiederum haben insbesondere die Oligochaeten, die Wenigborstigen Würmer, und hier speziell die Schlammröhrenwürmer (Tubificiden), eine hohe Bedeutung als Bioindikatoren.

Doch die Gemeinschaft der bodenlebenden Tiere beschränkt sich keinesfalls nur auf diese Gruppen. So findet man in Ufernähe beispielsweise Schnecken in erstaunlicher Vielfalt. Besonders erwähnt werden sollen hier die Schlammschnecken Radix balthica (oder ovata) sowie Radix auricularia. Sie stammen von Landlungenschnecken ab und müssen daher auch im Wasser Luft atmen und diese mit Hilfe einer Lunge »verarbeiten«. Deshalb müssen sie regelmäßig an die Wasseroberfläche auftauchen, um dort Luft zu schnappen. Anzumerken ist, dass diese Schlammschnecke am Bodensee der wichtigste Zwischenwirt für die Larvenstadien

(Zerkarien) des Saugwurms Trichobilharzia ocellata ist. Diese Larven dringen normalerweise in Wasservögel ein, um sich dort zum fertigen Wurm zu entwickeln. Doch manchmal verwechseln sie sozusagen einen Entenfuß mit der Haut eines badenden Menschen, kommen in dieser aber nicht weit und sterben ab. Das allerdings ist mit ziemlich juckenden Pusteln verbunden, der sogenannten Badedermatitis.

Im Gegensatz zu den Schlammschnecken haben andere Schnecken dagegen die Kiemenatmung ihrer meereslebenden Vorfahren bewahrt. Von den mit den Schnecken nahe verwandten Muscheln ist seit den 1960er Jahren die Dreikantmuschel Dreissena polymorpha die zahlenmäßig dominierende Art. Allerdings hat nun mit der Körbchenmuschel Corbicula fluminea eine neue Art einen wahren Siegeszug angetreten (siehe S. 140). An ausgewachsenen Insekten findet man an das Wasserleben angepasste Käfer wie beispielsweise den auf eine gute Wasserqualität angewiesenen Hakenkäfer Elmis. Ansonsten haben bei den Insekten vor allem die Larven den Lebensraum Seeboden erobert: Neben den Zuckmücken sind dies insbesondere Eintagsfliegen (Ephemeropteren) und Köcherfliegen (Trichopteren). Darüber hinaus gehören noch weitere Tiergruppen dieser Lebensgemeinschaft an, Strudelwürmer (Turbellarien) zum Beispiel oder Nesseltiere wie der Süßwasserpolyp Hydra.

Und da sind dann noch die Vertreter der Krebse: Als kleinere Arten – etwa die Wasserasseln und die Flohkrebse – sind

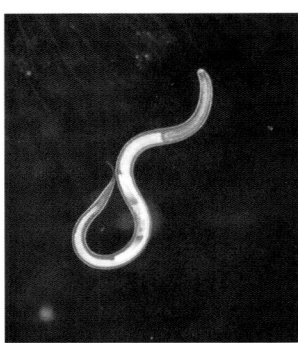

sie in erster Linie für die Biologen interessant. Die größeren Vertreter jedoch haben auch eine wirtschaftliche Bedeutung: Flusskrebs und Co. sind bekanntlich hervorragende Delikatessen und fallen daher ins Revier der Fischer und Angler. Allerdings machen auch am Bodensee seit einiger Zeit neu eingewanderte Arten den alteingesessenen Krebsen zu schaffen: Kamber-, Signal- und Roter Amerikanischer Sumpfkrebs können die sogenannte Krebspest übertragen, gegen welche die einheimischen Arten Fluss-, Stein- und Dohlenkrebs nicht immun sind (siehe S. 141). Doch zurück zu den Würmern, den Oligochaeten. Deren Bedeutung als Bioindikatoren liegt darin, dass sie sowohl in ihrer Artenzusammensetzung als auch in der Häufigkeit ihres Auftretens – also den Individuendichten – die Belastung der Sedimente mit organischem Material widerspiegeln. In nährstoffreichen Sedimenten wird nämlich der Sauerstoff schnell knapp und dann sind – neben den Zuckmückenlarven – die Schlammröhrenwürmer im Vorteil: Sie besitzen den roten Blutfarbstoff Hämoglobin, der bekanntlich besonders effektiv Sauerstoff binden kann. Diese beiden Gruppen können also noch unter sauerstoffarmen Bedingungen (über)leben wie kaum ein anderes Tier.

Am Bodensee ist dies vor allem vor Flussmündungen von Bedeutung. Hier gelangen größere Mengen organischen Materials aus dem Einzugsgebiet in die Seesedimente und schaffen so ideale Lebensbedingungen für Oligochaeten. Diese Nährstofffracht stammte früher zu einem großen Teil aus Abwässern, sie wurde aber durch den Bau und die Verbesserung der Kläranlagen und die Verringerung landwirtschaftlicher Einflüsse deutlich reduziert.

Im Rahmen des BUS-Projekts wurde daher der Makrobenthos-Besiedelung des Seebodens besondere Aufmerksamkeit gewidmet. Überraschenderweise zeigten sich im Vergleich zu früheren Untersuchungen ganz ähnliche Muster in der Besiedelung. Sollte sich also die Entlastung des Sees von Nährstoffen, die Reoligotrophierung, bisher noch gar nicht auf die Lebensgemeinschaften am Seeboden ausgewirkt haben? Es hat sich schon etwas verändert, sagen die Spezialisten, die solche Tiere präzise bestimmen können – doch dazu müsse man schon ganz genau hinsehen. Betrachtet man nämlich die Oligochaeten auf Artebene, zeigen sich durchaus Unterschiede: Diejenigen Arten sind häufiger geworden, die mittlere bis geringe Belastungen anzeigen. Die insgesamt relativ geringen Veränderungen in den Lebensgemeinschaften stützen die These der Sedimentforscher, dass die Zufuhr von Nährstoffen wie etwa Phosphor für die am Seeboden lebenden Tiere weniger bedeutungsvoll ist als die Zufuhr von organischem Kohlenstoff, wie er etwa auch im gereinigten Abwasser noch reichlich vorhanden ist. Diese Fracht hat sich aber in den vergangenen Jahrzehnten weit weniger stark verringert als die Nährstoffzufuhr.

Ein weiteres wichtiges Ergebnis des BUS-Projekts war die Erkenntnis, dass das sogenannte Meiobenthos – also Tiere von einer Größe zwischen 40 und 200 Mikrometern – einen bedeutenden Teil der benthischen Lebensgemeinschaft darstellt. In dieser bisher kaum untersuchten Lebensgemeinschaft dominieren Nematoden (Fadenwürmer). Interessant war auch die Beobachtung, dass Bakterien in der obersten Sedimentschicht des Profundals drei Zehnerpotenzen höhere Zelldichten haben als im freien Wasser. Und dennoch ist ihre Abbauaktivität viel geringer als die der Wasserbakterien. Insgesamt zeigen die Ergebnisse, dass der bei weitem größte Teil des Abbaus schon in der Wassersäule stattfindet und nicht erst am tiefen Seegrund. Anders verhält es sich allerdings im flachen Wasser: Hier sind die Sedimente im Hinblick auf den bewältigten Stoffumsatz viel aktiver als der darüber stehende Wasserkörper – mithin stellen sie den Hauptort des Abbaus dar. Und noch eine wichtige Erkenntnis erbrachte die BUS-Untersuchung: Während die Erfolge der Aktionen, den See wieder sauberer zu machen, bei der tierischen Besiedelung des Seebodens bisher nur bei detaillierter Betrachtung sichtbar wurden, waren die Auswirkungen auf die chemische Beschaffenheit der Sedimente weitaus deutlicher. Wie die Analysen zeigten, sind die Konzentrationen fast aller untersuchten Schadstoffe erheblich zurückgegangen – ein eindrucksvoller Beweis, wie gut die vielfältigen Schutzmaßnahmen gegriffen haben. Lediglich die Flammschutzmittel finden sich in den letzten Jahren verstärkt in den obersten Sedimentschichten. Da sie sich auch in der Nahrungskette anreichern können, muss man diesen Schadstoffen in Zukunft verstärkt Beachtung schenken (siehe S. 125).

Untersuchungsprogramm BUS

Die Abkürzung BUS steht für das Projekt Bodensee-Untersuchung-Seeboden. Ein wichtiges Ziel des von der Europäischen Union geförderten dreijährigen Forschungsvorhabens war eine umfassende Bestandsaufnahme des Lebensraums Seeboden. Zu Projektbeginn wurden an 48 Stationen insgesamt 550 Sedimentproben entnommen – rund 6 Tonnen Sediment sind im Rahmen des BUS-Projekts bearbeitet worden. Danach ging es ans Analysieren und Auswerten der zahlreichen sedimentologischen, biologischen und chemischen Parameter. So wurde eine Antwort auf die wichtige Frage gesucht, ob sich die beachtlichen Erfolge, die in den letzten Jahren bei der Gewässerreinhaltung erzielt wurden, im Seeboden widerspiegelten. Allerdings hatte das Projekt nicht nur die Dokumentation des derzeitigen Zustandes zur Aufgabe; es sollte auch Prognosen für die Zukunft abgeben und so einen Beitrag zur Fortschreibung der Gewässerschutzkonzeptionen am See leisten.

Links: Schilf säumt das Ufer
vieler Seen im Voralpenland –
auch am Bodensee.

Rechts: Schilf ist empfindlich
gegen Hochwasser im Frühjahr.

Die Uferzone: Röhricht,
Kiesbänke und Wasserpflanzen

Das Ried

Ried, Röhricht, Schilf – im Bodenseegebiet bedeutet dies annähernd dasselbe:
mehr oder weniger große Bestände an
Schilfrohr, lateinisch Phragmites
australis genannt. Zu diesen Beständen
gehören auch andere schilfartig groß-
wüchsige Pflanzen, Rohrkolben beispielsweise oder Schneidried. Doch auch
kleinwüchsigere Pflanzenarten wie
Schwertlilien oder Froschlöffel können
in Riedgebieten wachsen. Große und
bekannte Schilfgebiete am See sind das
Wollmatinger und das Eriskircher Ried.
Schilfgebiete sind ideale Lebensräume
für viele Tiere, vor allem für Insekten,
aber auch für zahlreiche Vogelarten wie
etwa – der Name sagt es schon – die
Rohrsänger. Bis zu 4 Meter hoch wachsen
die Schilfhalme und bieten so wunderbar Deckung. Allerdings sind die Ried-

flächen vielfältigen Bedrohungen ausgesetzt, wobei vor allem die Uferverbauung
zu nennen ist. Zudem leiden die Schilfhalme unter Hochwasser. Nach dem
massiven Hochwasser 1965 dauerte es
Jahrzehnte, bis sich die Schilfflächen
rund um den Bodensee nicht zuletzt
dank neuer Anpflanzungen, renatu-
rierter Ufer und speziell errichteter
Schutzzäune wieder weitgehend erholt
hatten – um dann durch das Pfingsthochwasser 1999 erneut schwer geschä-
digt zu werden (siehe S. 149).
Doch warum kommt Schilf, eine eigentlich an Wasser angepasste Pflanze, mit
Hochwasser so schlecht zurecht? Die
schlichte Antwort: Schilf ist – wie viele
andere Wasserpflanzen auch – im

Grunde eine Landpflanze. Und als solche hat sie das Problem, diejenigen Teile, die unter dem Wasserspiegel und insbesondere im Seeboden liegen, mit Luft versorgen zu müssen. Ein Großteil des Sprosses und der Wurzel ist als Luftgewebe ausgeprägt. Wenn sich der See im Frühjahr und Frühsommer durch Regen und Schneeschmelze nach dem winterlichen Niedrigwasserstand wieder füllt, artet das Schilfwachstum regelmäßig in eine Art Wettkampf aus: Die jungen Halme müssen schneller wachsen als der Seespiegel steigt. Sind sie länger als etwa zwei Wochen überstaut, geht den Wurzeln buchstäblich die Puste aus und die jungen Triebe ertrinken förmlich. Außer Hochwasser gibt es allerdings

noch weitere Gründe für den Rückgang der Röhrichtflächen am Bodenseeufer, zum Beispiel der Befall durch Schilfkäfer oder die mechanische Belastung durch Treibgut. Auch Mauern und andere unnatürliche Bauwerke wirken sich nachteilig aus, weil sie das Wellen- und Strömungsmuster gravierend verändern können. Die Wellen werden auf unnatürliche Weise reflektiert und können sich verstärken, wenn sie sich mit ankommenden Wellen überlagern (siehe S. 35). Die mechanischen Kräfte nehmen dann derart zu, dass Schilfhalme knicken – was zu verhängnisvollen Einbrüchen im Röhrichtgürtel führen kann. Außerdem kann sich durch das geänderte Strömungsver-

Zum Schutz gegen Treibholz und andere Gefahren wurden am Bodensee manche Schilfgebiete eingezäunt.

Liebt eine raue Umgebung und blüht wunderschön blau: das Bodensee-Vergissmeinnicht (Myosotis rehsteineri).

halten Schlamm im Schilffeld ablagern und die Halme ersticken. Renaturierte Ufer sind daher auch ein wichtiger Beitrag zur Erholung gebeutelter Schilfbestände.

Strandrasen und Bodensee-Vergissmeinnicht

Das »blaue Band« rund um den Bodensee – davon schwärmten Naturforscher noch zu Beginn des vergangenen Jahrhunderts. Gemeint war die Blüte des Bodensee-Vergissmeinnichts (Myosotis rehsteineri) im April und Mai. Doch diese Zeiten sind vorbei, denn in den letzten hundert Jahren haben die Strandrasen-Gesellschaften, zu denen auch das Bodensee-Vergissmeinnicht gehört, insgesamt stark abgenommen.

Das liegt vor allem in ihrer Lebensweise am Ufer der Voralpenseen. Eigentlich kommen nur wahre Überlebenskünstler mit den hier herrschenden rauen Bedingungen zurecht. Das Vergissmeinnicht zählt ebenso dazu wie der Strandling, die Strand-Schmiele und der Ufer-Hahnenfuß. Der Untergrund ist meist kiesigsteinig, zudem können Wind und Wellen bei Sturm hart zuschlagen. Vor allem aber müssen die Pflanzen an die von Natur aus stark wechselnden Wasserstände dieser Seen angepasst sein – am Bodensee sind das üblicherweise etwa 2 Meter. Manchmal sind sogar mehrmonatige Überschwemmungen zu ertragen. Diesen »natürlichen Stress« überstehen die Pflanzen des Strandrasens allerdings ziemlich problemlos – erst menschliche Aktivitäten stellen eine ernsthafte Bedrohung dar. Mauern und Häfen sowie starke touristische Nutzung der Ufer sind hier ebenso zu nennen wie die An-

Kiesstrände sind der typische Lebensraum für die Strand-rasen-Gesellschaften.

reicherung der Seen mit Nährstoffen. Dadurch bedeckten insbesondere in den 1970er und 1980er Jahren zeitweise Teppiche aus Fadenalgen die Strände und erstickten die dort lebenden Pflanzen förmlich. Andere Alpenrandseen sind seit Jahrzehnten reguliert und es gibt dort kaum noch wechselnde Wasserstände. Damit wurde der Strandrasen-Gemeinschaft die Lebensgrundlage entzogen. So verwundert es nicht, dass diese Vergissmeinnicht-Art etwa am Genfer- und Luganersee sowie am Lago Maggiore schon lange ausgestorben ist.

Am namensgebenden Bodensee hat das Bodensee-Vergissmeinnicht bisher jedoch überlebt – wie auch am Starnberger See, wo noch einige wenige Pflanzen dieser hochgradig gefährdeten Art wachsen. Mittlerweile ist diese europaweit einmalige Strandrasen-Ufervegetation auch durch europäisches Recht besonders geschützt. So konnten sich die Bestände durch regelmäßige Kontrolle sowie durch Schutz- und Pflegemaßnahmen seit den 1990er Jahren wieder merklich erholen.

Noch sind etwa 10 bis 20 Prozent der ursprünglichen Vergissmeinnicht-Bestände erhalten. Diese konzentrieren sich auf das deutsche Ufer am Untersee, das schweizerische Ufer östlich von Kreuzlingen und einige Stellen in Vorarlberg sowie am Überlinger See. Und es gibt auch noch eine Art Arche Noah: Im Botanischen Garten an der Universität Konstanz wurde im Rahmen eines Erhaltungsprogrammes im Jahr 2004 neben anderen seltenen und bedrohten Arten der Strandrasen-Gesellschaft auch das Bodensee-Vergissmeinnicht in Kultur genommen.

Wasserpflanzen und Armleuchteralgen

Vielen Schwimmern sind Wasserpflanzen eher suspekt: Wenn plötzlich Stängel und Blätter am Bauch kitzeln und sich um Arme und Beine winden, dann gilt es, ruhig Blut zu bewahren. Auch Angler sind stinksauer, wenn sich die Angelhaken in den Pflanzen verheddern. In manchen Jahren wuchsen Bestände des Kamm-Laichkrauts (Potamogeton pectinatus) – landläufig »Seegras« genannt – derart, dass die zuständigen Behörden sie zur Beruhigung der Gemüter kurzerhand abmähen ließen. Das übernimmt am Bodensee ein spezielles Mähschiff, die »Seekuh«. Besonders viel zu tun hatte sie im Jahrhundertsommer 2003, weil damals die Wasserpflanzen weitaus üppiger als in einem normalen Sommer wuchsen. Das in Lindau stationierte Arbeitsboot dient zwar vorwiegend dazu, Treibgut aus dem Wasser zu holen (siehe S. 132), es kann aber auch zum Abmähen von Unterwasserpflanzen eingesetzt werden.

Noch in den 1980er und 1990er Jahren hatten die Räumboote am Bodensee ordentlich »Futter«. Doch mittlerweile spiegeln auch die Wasserpflanzen die nährstoffärmeren Verhältnisse im See wider: Zum einen ist ein solch üppiges Wachstum wie zuletzt im Sommer 2003 nicht mehr zu verzeichnen – die Wasserpflanzen bilden keine so dichten Tep-

piche mehr. Zum anderen hat sich die Zusammensetzung der Arten geändert. In der biologischen Beurteilung des Bodensees spielen die untergetauchten Wasserpflanzen seit den 1960er Jahren eine wichtige Rolle. Damals hatten Biologen festgestellt, dass sich die Pflanzenbestände unter Wasser stark veränderten. Im Jahr 1967 wurde die erste seeweite Kartierung der Unterwasservegetation durchgeführt – eine Aktion, die seither regelmäßig wiederholt wurde. Dadurch konnte man verfolgen, wie sich die Bestände an den verschiedenen Laichkrautarten, an Horn- und Tausendblatt, Seerosen, Teichfaden, Hahnenfußarten, Wasserpest, Nixenkraut, Wasserschlauch und anderen Arten im Laufe der Jahre veränderten. Sie gehören zur Schwimmblatt- und Unterwasserpflanzengesellschaft der Flachwasserzone, die sich an das Ufer anschließt (siehe S. 34). Botanisch gesehen sind es Unterwasserpflanzen, also Makrophyten. Sie können

in Abhängigkeit vom Licht und Druck aber nur bis zu einer bestimmten Wassertiefe – etwa 7 bis 8 Meter – vordringen. Noch tiefer schaffen es die Armleuchteralgen: bis zu 15 Meter und teilweise noch tiefer. Die Characeen sind botanisch gesehen keine Blütenpflanzen, sondern Algen. Die männlichen Keimzellen werden in kugeligen, bis zu 1 Millimeter großen, roten Körpern gebildet, die früher so zahlreich waren, dass sie am Untersee stellenweise »dem Wasser von weitem eine prächtig braunrötlich schimmernde Farbe verleihen«, wie die Chronisten Anfang des 20. Jahrhunderts berichteten. Damals wurden diese kalkreichen Algen als Dünger verwendet: Man holte sie bei Niedrigwasser mit dem Rechen aus dem See und vermischte sie nach einer gewissen Lagerzeit am Ufer mit den Böden in Gärten und Äckern. Doch das war einmal – im Zuge der rasanten Nährstoffanreicherung wurden die Charawiesen in der zweiten Hälfte des vergangenen Jahrhunderts zunächst immer mehr zurückgedrängt. Doch im Zeichen der wieder nährstoffärmer werdenden Verhältnisse schlug dann auch wieder die Stunde der Armleuchteralgen: Sie breiten sich seit einigen Jahren erneut deutlich aus, wie die seeweite Kartierung der Unterwasservegetation im Jahr 2008 ergeben hat. War die nährstoffarme Verhältnisse bevorzugende (oligotraphente) Armleuchteralge Chara aspera noch Anfang der 1990er Jahre nur in Teilen des Untersees sowie der Fußacher Bucht im Vorarlberger Teil des Bodensees verbreitet, so kommt sie heute wieder verbreitet im Untersee und Überlinger See vor – und zwar »in unterseeischen Wiesen gigantischer Ausdehnung«, wie die kartierenden Biologen begeistert berichtet haben. Die früher seltene Geweih-Armleuchteralge Chara formentosa ist inzwischen ebenfalls auf dem Vormarsch. Auch bei den untergetauchten Makrophyten ist der Wandel hin zu Arten, die nähstoffärmere Verhältnisse anzeigen, unübersehbar. Im Vergleich zur letzten Makrophyten-Kartierung im Jahr 1993 hat sich 2008 der ökologische Zustand des Sees also klar verbessert, und zwar sowohl im Obersee als auch im etwas nährstoffreicheren flacheren Untersee. Ein Beispiel ist das oligotraphente Graslaichkraut Potamogeton gramineus. In der ersten Hälfte des 20. Jahrhunderts war es im Bodensee weit verbreitet. 1993 war es fast vollständig aus dem See verschwunden: Nur noch an einer einzigen Stelle im Untersee, im Bereich des Wollmatinger Rieds, wurde es gefunden. Nun ist es immerhin an insgesamt drei neuen Stellen, darunter auch im Obersee, wieder aufgetaucht. Besonders bemerkenswert ist ferner der Wiederfund des als verschollen eingestuften Schimmernden Laichkrauts. Andere früher sehr seltene Makrophyten-Arten sind nun ebenfalls wieder häufiger anzutreffen, so zum Beispiel das Schweizer, das Flutende und das Haar-Laichkraut (Potamogeton helveticus, P. nodosus und P. trichoides).

Auch die Klimaerwärmung ist offenbar schon in der Welt der Unterwasserpflanzen angekommen. So haben die Botaniker im Vergleich zu 1993 eine starke Zunahme des Mittleren Nixenkrautes (Najas marina intermedia) festgestellt, einer wärmeliebenden Pflanze. Für ihre Schwesternart, das Kleine Nixenkraut (Najas minor), ist es aber im Bodensee offensichtlich noch zu kalt. Diese hauptsächlich in subtropischen Gewässern vorkommende Art ist wie 1993 nur in der sehr flachen – und damit ziemlich warmen – Fußacher Bucht in der Nähe der Rheinmündung gefunden worden.

Felchen, Kretzer, Seeforellen: die Fische

Langsam nähert sich die ferngesteuerte Unterwasserkamera dem Fisch am Seegrund – 252 Meter zeigt der eingebaute Tiefenmesser auf dem Videomonitor an. Es ist ein etwa 15 Zentimeter langer Barsch, das ist deutlich an den senkrechten dunklen Streifen über den Körper hinweg zu erkennen. Plötzlich macht er einen Schlag mit der Schwanzflosse und ist verschwunden. Nur das gespeicherte Videobild zeugt noch davon, dass Barsche tatsächlich bis in die größten Tiefen des Bodensees vordringen. Das hatte man zwar bereits früher schon vermutet, doch ein Fotobeleg hat eine ganz andere Beweisqualität. Barsch, Kretzer, Egli – am Bodensee ist Perca fluviatilis, der Flussbarsch, unter allen drei Namen bekannt. Und als Speisefisch begehrt und teuer, wobei vor allem Barschfilet beachtliche Preise erzielt. In den vergangenen Jahrzehnten hat sich, neben dem Felchen, der Barsch

Das Schimmernde Laichkraut (Potamogeton x nitens) war lange Zeit im Bodensee verschollen – nun ist es bei den wieder nährstoffärmeren Verhältnissen zurückgekehrt.

Die Rückkehr des verschollenen Laichkrauts

Seit den 1950er Jahren galt es am Bodensee als verschollen: das Schimmernde Laichkraut. Nun wurde diese seltene und als stark gefährdet eingestufte Art bei der 2008 durchgeführten seeweiten Kartierung der Unterwasserpflanzen nahe der Insel Wehrd bei Stein am Rhein wieder entdeckt.

Streng genommen handelt es sich dabei um keine eigene Art, sondern um einen sogenannten Bastard, der selber keine Samen mehr bilden kann. Die »Eltern« sind das Graslaichkraut (Potamogeton gramineus) und das Durchwachsene Laichkraut (Potamogeton perfoliatus). Botanisch wird diese ungewöhnliche Herkunft durch die besondere Schreibweise mit »x« signalisiert: Potamogeton x nitens.

Das Schimmernde Laichkraut gab es lange Zeit nicht mehr im See – wahrscheinlich deswegen, weil auch ein Elternteil, das Graslaichkraut, fast völlig verschwunden war. Diese nährstoffarme Verhältnisse liebende Art konnte 1993 nur noch an einer einzigen Stelle im Untersee gefunden werden, und zwar beim Wollmatinger Ried.

Doch nun ist der See wieder deutlich nährstoffärmer geworden. Und so verwundert es nicht, dass das Graslaichkraut wieder an drei Standorten gefunden wurde, darunter auch im Obersee. Damit gibt es jetzt auch wieder für den »unehelichen« Ableger, das Schimmernde Laichkraut, höhere »Zeugungschancen«.

Ein Flussbarsch in Modellpose.

zur zweiten wichtigen Einnahmequelle für die Berufsfischer am See entwickelt. Die Eutrophierung des Bodensees hatte unter anderem auch eine erhebliche Zunahme der Barschfänge, vor allem aber eine Beschleunigung ihres Wachstums zur Folge. Allerdings schwanken seit Jahrzehnten die Erträge ziemlich stark, wobei – von Ausnahmen abgesehen – häufig ein dreijähriges Muster zu erkennen ist.

Einen Erklärungsansatz für dieses Phänomen bietet eine Kombination aus mehreren Faktoren: Kannibalismus, kurze Lebensdauer infolge starker Befischung, das zeitweise erhöhte Nahrungsangebot während der Eutrophierungsphase und eine Synchronisierung der Bestände durch sommerliche warme Temperaturen: Je wärmer ein Sommer ist, desto mehr Jungbarsche eines Jahrgangs überleben, so eine gängige Hypothese. Doch jenseits aller

Schwankungen gehen seit Anfang der 1990er Jahre die Barscherträge kontinuierlich zurück – was damit zusammenhängen dürfte, dass der See immer sauberer geworden ist.

Übrigens ist im Bodensee Kretzer nicht gleich Kretzer. Wie Untersuchungen am Limnologischen Institut der Universität Konstanz ergeben haben, teilt sich die Barschbevölkerung des Sees in zwei Untergruppen auf, die sich genetisch voneinander unterscheiden lassen. Eine der beiden Gruppen besiedelt den Obersee, die andere den Untersee. Genanalysen legen dabei den Schluss nahe, dass sich die Bodenseebarsche höchstwahrscheinlich erst nach der Besiedelung des Sees in zwei getrennte Populationen fortentwickelt haben, und zwar im Zuge der Anpassung an die unterschiedlichen Lebensbedingungen in den beiden Seeteilen.

Weitere Untersuchungen ergaben zudem, dass die Barsche im Bodensee nicht aus dem Rheingebiet, sondern dem Donauraum eingewandert sind. Dafür stand ihnen nur ein ziemlich kleines Zeitfenster zur Verfügung: Beim Rückzug des Rheingletschers vor 15.000 Jahren entwässerte ein Teil der in Oberschwaben gelegenen und vom Rheingletscher gespeisten Seen in die Donau. Im Zuge einer Art »Seen-Hüpfens« müssen die Barsche von diesen Seen aus dann beim weiteren Rückzug des Gletschers schließlich in den Bodensee eingewandert sein. Im Westen des Sees verhinderte dagegen der Rheinfall wirkungsvoll eine Einwanderung aus dem Rheinsystem.

Keineswegs einheitlich präsentiert sich auch die wirtschaftlich wichtigste Fischart im Bodensee, der Felchen. Der heißt in Bayern übrigens Renke, in Norddeutschland Maräne. Am Bodensee diskutieren die Experten mehrere Untergruppen von Coregonus lavaretus: Blaufelchen, Gangfisch und Sandfelchen, dazu noch den in der Tiefe des Sees lebenden Kilch, Coregonus acronius genannt, der aber seit Jahrzehnten als verschollen gilt. Im Bodensee-Obersee kann man immerhin zwei Populationen deutlich voneinander trennen: Die Gangfische laichen ufernah ab, die Blaufelchen uferfern, also pelagisch, wie die Wissenschaftler sagen. Auch das Wachstum und Verhalten der Larven der beiden Felchenformen unterscheidet sich. Schwieriger wird die Einordnung allerdings beim bodenlebenden Sandfelchen, der seit jeher sehr selten ist. Felchen, die sich vorwiegend im Freiwasser aufhalten, ernähren sich vor allem von Wasserflöhen und anderen kleinen Krebschen sowie tierischen Kleinlebewesen, die frei im Wasser schwimmen. Eher in Bodennähe lebende Felchen dagegen fressen vor allem kleine Tiere, die am Seegrund leben, also beispielsweise Würmer und Insektenlarven. Doch weil der Bodensee in den letzten Jahrzehnten immer sauberer geworden ist, ist auch das Nahrungsangebot für die Felchen nicht mehr so üppig wie in der zweiten Hälfte des vergangenen Jahrhunderts – was sich auch auf die Erträge der Fischer auswirkt (siehe S. 115). Allerdings zeigten umfangreiche

Der Felchen, die wirtschaftlich wichtigste Fischart im Bodensee.

wissenschaftliche Untersuchungen, dass es bisher keine Anzeichen für »ungesunde« Bestände oder chronische Unterernährung der Felchen gibt. Gleichwohl wird seit Jahren am See ein großer Aufwand betrieben, um den Felchenbestand zu sichern – und damit auch die Existenz der Fischer. Dazu zählt vor allem die künstliche Erbrütung von Felcheneiern in den Brutanstalten rund um den See. Hierzu dürfen alljährlich Anfang Dezember laichreife Felchen gefangen werden, aus denen dann Eier (Rogen) und Samen (Milch) abgestreift wird. Die befruchteten Eier werden anschließend bei optimalen Entwicklungsbedingungen künstlich erbrütet – sie haben somit eine weitaus höhere Überlebenschance als am Seeboden. Zudem wird mit Hilfe der sogenannten Kalterbrütung – dabei wird das Wasser auf etwa 1 Grad Celsius gekühlt – die Entwicklungszeit um vier bis sechs

Wochen verlängert. Die geschlüpften Jungfelchen finden dann, wenn sie mit der entsprechenden Zeitverzögerung im See ausgesetzt werden, wärmere Wassertemperaturen und günstigere Nahrungsverhältnisse vor. Um die Überlebenschancen weiter zu erhöhen, wird darüber hinaus ein kleiner Teil des künstlich erbrüteten Felchennachwuchses angefüttert und bis zu einer Größe von etwa 2 Zentimetern »vorgestreckt«.

Solche Besatzmaßnahmen werden auch bei anderen Fischarten vorgenommen, wobei insbesondere die Seeforelle zu nennen ist. Ausgewachsen ist sie schon ein prachtvoller Fisch: Bis zu 140 Zentimeter lang kann sie werden und 30 Kilogramm schwer. Und schmackhaft ist die mit der einheimischen Bachforelle eng verwandte Seeforelle natürlich auch. Bedrohlich gefährdet war der Bestand in

der Vergangenheit durch Gewässerverschmutzung und – aus heutiger Sicht – falsche Schonbestimmungen und Befischungsmethoden. Weitaus gravierender auf den Fortbestand dieser Fischart hat sich allerdings der Bau von Wehren und Kraftwerken in den Bodenseezuflüssen ausgewirkt. So konnte die Seeforelle zum Ablaichen nicht mehr in die Zuflüsse aufsteigen, um ihre Eier in Kiesbänken abzulegen – die kommen nun einmal vor allem in Bächen und Flussoberläufen vor. Die Folge war ein dramatischer Niedergang, dem allerdings in den vergangenen Jahren sozusagen die Wiedergeburt folgte: Die Rettung der Seeforelle ist eine zwar aufwendige, aber wegen ihres Erfolgs viel beachtete umfangreiche Aktion des Arten- und Naturschutzes.

Das Arteninventar des Bodensees geht natürlich weit über die bisher genannten Fische hinaus – insgesamt wurden bisher etwa 35 Fischarten im See nachgewiesen. Einen guten Überblick gab jüngst das Forschungsprojekt »Fischfreundliche Renaturierung Bodensee«, bei dem rund 12.000 Fische an zwei Probestellen (Friedrichshafen-Fischbach und Hard in Vorarlberg) gefangen wurden. Dabei wurden 29 Arten registriert.

Zu den Weißfischarten (Karpfenartige) im Bodensee zählen Ukelei, in der Region auch Laube genannt, Schmerle, Döbel, Hasel, Brachse, Güster, Karpfen, Rotauge und Rotfeder. Bedeutsame Raubfische sind Hecht, Wels, Aal und Zander. Auch seltene oder gar vom Aussterben bedrohte Arten wie der

Damit Fische und andere Wasserlebewesen ungehindert in den Zuflüssen des Bodensees wandern können, wurden in den vergangenen Jahren zahlreiche Stauwehre und andere unüberwindliche Hindernisse passierbar gemacht – so wie hier an der Argen mit Hilfe einer sogenannten rauen Rampe.

Bitterling, das Moderlieschen und die Groppe sind im Bodensee beheimatet. Besonders erwähnt werden soll noch die Trüsche oder Quappe, ein eigenartiger Fisch, der zu den Dorschartigen gehört – übrigens der einzige Dorsch im Süßwasser. Ihr welsartig bis zu 60 Zentimeter langgestreckter und oft auffällig marmorierter Körper ist von einer langen Rücken- und Afterflosse gesäumt. Ganz typisch ist der lange Bartfaden am Kinn. Als hervorragender Speisefisch ist er auch bei Kennern sehr geschätzt. Inzwischen finden sich mit Kaulbarsch, Sonnenbarsch und Blaubandbärbling auch Arten, die durch menschliche Aktivitäten in den See gekommen sind. Diese Neozoen verändern das ökologische Gleichgewicht im See – leider nicht immer zum Positiven (siehe S. 140).

Der Schutz der Fische im Bodensee erschöpft sich keineswegs auf Fangbe-

schränkungen, künstliche Besatzmaßnahmen oder den Einbau von Fischtreppen in den Zuflüssen. Vielmehr gilt die besondere Aufmerksamkeit den Laichgebieten. Am Bodensee legen 28 der hier vorkommenden Fischarten ihre Eier in der Flachwasserzone ab, dem Litoral. Und gar 90 Prozent der Arten nutzen diesen auch als »Kinderstube der Fische« bezeichneten Lebensraum mit seinen ausgedehnten Wasserpflanzenbeständen während ihrer Jugendphase.

Die »Laichkarten« können über potenzielle Gefährdungen für eine Fischart Auskunft geben, wenn dieser Lebensraum verändert wird – für Fischerei wie Naturschutz sind sie also eine wichtige Handlungs- und Planungsgrundlage. Doch mit Kartierungen allein wollen sich die Fischschützer am See nicht begnügen. In Naturversuchen wurden »fischfreundliche« Renaturierungen erprobt und damit Grundlagen für naturverträgliche Umgestaltungen des Bodenseeufers geschaffen.

Auch der »Reyserbau«, wie es früher hieß, hat am Bodensee eine lange Tradition: Bereits um 1650 wurden gezielt Äste und Zweige (Reisig) in der Uferzone des See eingebracht, wobei damals die »Reyser« ausschließlich zur Unterstützung des Fischfangs angelegt wurden. So sind die Fangaussichten in der Nähe der Reiser einfach besser, weil sich die Fische hier bevorzugt aufhalten. Schließlich finden sie hier Schutz und Deckung, was insbesondere auch für Jungfische gilt. Heute sind dagegen nicht mehr die Aussichten auf gute Fänge der Grund

Ausgewiesene Schonbezirke helfen dem Fischnachwuchs.

für den Bau von Fischreisern. Im Vordergrund steht vielmehr die Absicht, den Fischen etwas Gutes zu tun, also Fischhege zu betreiben. Mit den Fischreisern werden den Tieren Rückzugsgebiete und gut strukturierte Lebensräume zur Verfügung gestellt.

Nachdem der Reiserbau zwischen 1920 und 1940 noch einmal eine Renaissance erlebt hatte, war er in den letzten Jahrzehnten wieder zunehmend in Vergessenheit geraten. Im Zuge einer Erhebung in den 1980er Jahren wurden im baden-württembergischen Teil des Obersees über 59 alte Fischreiser registriert, wobei die Zahl sicherlich nicht vollständig ist. Mittlerweile wurden am See mehrere dauerhafte Lösungen geschaffen. Dabei wurde, etwa für das Fischreis vor Friedrichshafen, an Land aus Stahlträgern ein kuppelförmiger Körper zusammengeschweißt und mit Ästen und Reisig gefüllt. Die Fische, so haben Untersuchungen mit der Unterwasserkamera ergeben, nehmen den neuen Lebensraum offenbar gut an.

Hoch die Flüsse: Seeforellen müssen wandern

Lachse gibt es im und rund um den Bodensee nicht – der Rheinfall bildet eine natürliche, nicht zu überwindende Barriere. So konnte im Bodensee eine andere, nahe verwandte Fischart den Lebensraum der Lachse besiedeln: die Seeforelle. Biologisch unterscheidet sie sich kaum von der Bachforelle – die beiden sind zwei verschiedene Erscheinungsformen derselben Art Salmo trutta. Setzt man beispielsweise junge, rot getupfte Bachforellen in den See, dann unterscheiden sie sich nach einiger Zeit nicht mehr von den dort heimischen Seeforellen. Diese leben zwar im See, müssen jedoch zur Fortpflanzung in die Bäche und Flüsse zurückkehren, weil sie nur dort geeignete Bodensubstrate zum Ablaichen finden: nämlich gut durchströmte Kiesbänke.

Auf dem Weg dorthin aber verwehrten im Laufe der Zeit immer mehr künstliche, vom Menschen

Schwimmt dank intensiver Schutzmaßnahmen wieder häufiger im Bodensee: die Seeforelle.

errichtete Bauwerke wie beispielsweise Kraftwerkstaustufen oder Wehre den ungehinderten Aufstieg. Vor allem das Rheinkraftwerk Reichenau oberhalb von Chur entpuppte sich als gewaltiges Hindernis, blockierte es doch seit 1962 den Aufstieg wandernder Fischarten zu den wichtigen Laichgründen im Vorder- und Hinterrhein.

Im Bodensee geht es den Forellen weitaus besser als ihren Artgenossen in den Fließgewässern. Sie haben mehr Futter und wachsen daher besser – zur Freude der Fischer. Allerdings musste die Berufsfischerei seit Mitte der 50er Jahre einen dramatischen Niedergang dieser lukrativen Fischart erleben. Von über 10 Tonnen im Jahr sank der Gesamtertrag stetig, bis er Anfang der 80er Jahre auf dem Tiefpunkt von nicht einmal mehr 2 Tonnen angelangt war.

Bereits Ende der 1970er Jahre hatte diese besorgniserregende Entwicklung die Internationale Bevollmächtigtenkonferenz für die Bodenseefischerei (IBKF) auf den Plan gerufen. Diese für die Fischerei im Bodensee zuständige Organisation richtete daraufhin die »Arbeitsgruppe Seeforelle« ein, die sich um den Fortbestand dieser gefährdeten Art kümmern sollte. Und diese Arbeitsgruppe redete Klartext: In ihrem ersten Bericht benannte sie 1984 schonungslos die Gründe für den Rückgang, vor allem die ungenügenden Schonbestimmungen in der Fischerei im Obersee sowie die Fortpflanzungshindernisse in den Zuflüssen. Und sie machte unmissverständlich klar, dass die Seeforelle in absehbarer Zeit aus dem Bodensee und ihren Zuflüssen verschwinden würde, sollten sich ihre Lebensbedingungen nicht grundlegend ändern.

Die Vorschläge der Arbeitsgruppe wurden im Laufe der Jahre in Taten umgesetzt. Das Schonmaß wurde von 35 auf 50 Zentimeter hochgesetzt. Ferner stoppten die IBKF-Mitgliedsländer in den 1990er Jahren in den Zuflüssen den Besatz mit konkurrierenden Regenbogenforellen. Vor allem aber machte man sich daran, die Hindernisse in den Zuflüssen so zu verändern und umzugestalten, dass sie für die Seeforellen passierbar wurden: Der Bau funktionstüchtiger Fischpässe, der Einbau sogenannter rauer Rampen, die Sanierung von Wehren und von Mündungen der Seitenflüsse in den Rhein – all diese Maßnahmen trugen dazu bei, dass die Tiere wieder über größere Fließstrecken wandern und so ihre Laichgründe erreichen konnten. Anschließende Untersuchungen erbrachten dann den Nachweis, dass die Seeforellen die solchermaßen umgestalteten Hindernisse tatsächlich durchschwimmen. Dazu wurden die Fische mit Funksendern ausgerüstet, ihre Wanderungen ließen sich auf diese Weise unmittelbar verfolgen. Nach den Umgestaltungsmaßnahmen in der Argen beispielsweise können die Seeforellen heute rund 30 Kilometer mehr an Fließstrecke zum Ablaichen erreichen als noch zu Beginn der 90er Jahre.

Auch im See ließ der Erfolg dieser oft recht kostspieligen Maßnahmen nicht auf sich warten. Die Ertragsmengen im Bodensee und die Zahl der Laichfische in den Zuflüssen stiegen wieder kräftig an. Gleichwohl bleibt noch einiges zu tun. Sorge bereiten beispielsweise die in den See zurückwandernden Fische, die in den Turbinen der Kraftwerke oft schwer verletzt werden. Und auch der Schwallbetrieb der Speicherkraftwerke bringt Probleme mit sich: Vor allem im Alpenrhein führt er zu ständig wechselnden Wasserständen, was für die Seeforellen eine erhebliche Belastung bedeutet. Die IBKF jedenfalls hat der »Arbeitsgruppe Seeforelle« ein neues Mandat erteilt – und dabei ihr Aufgabengebiet erweitert: Sie soll als »Arbeitsgruppe Wanderfische« nicht nur der Seeforelle, sondern auch anderen, fischereilich weniger bedeutenden Fischarten die Zukunft im Bodenseeraum sichern.

Typisch für den Bodensee sind
die Vogelscharen, die im Winter
auf dem See überwintern.

Ein Refugium für Wasservögel

Gut eingemummt geht eine kleine Gruppe von Vogelbeobachtern an einem frostigen Dezembermorgen auf der Insel Reichenau ihrem Hobby nach. Im flachen Wasser haben sich Hunderte von Enten, Blässhühnern und Tauchern versammelt. Manche der Tiere haben den Kopf unter den Flügel gesteckt und dösen; andere schnattern; manche tauchen, um sich an den reichen Nahrungsvorräten am Grund gütlich zu tun. Mit ihren Spektiven mustern die Ornithologen die Vogelschar konzentriert durch – freuen sich an den leuchtend orangeroten Köpfen der Kolbenentenmännchen und suchen gezielt nach der einen oder anderen seltenen Art, die sich unter die Massen an Tafel- und Reiherenten gemischt haben könnte. Doch während sie noch fachsimpeln, ob der

eine Vogel in dem Trupp ganz hinten links eine Bergente sein könnte, kommt Unruhe in das Feld. Schon fliegen einzelne Enten auf, kurze Zeit später folgt die ganze Vogelschar. Die Ornithologen sind frustriert: Nur weil ein einzelner Mann im Ruderboot meint, unbedingt am Ufer entlangschippern zu müssen, bleibt Hunderten von Vögeln nichts anderes übrig, als vor der – wenn auch nur vermeintlichen – Gefahr zu fliehen.

Doch solch offenbar unvermeidlichen Störungen zum Trotz ist der Bodensee für Wasservögel ein wichtiger Lebensraum. Darüber ist er ein international bedeutendes Vogelrefugium für die Zeit der Mauser und insbesondere im Winter: Dann leben auf dem See neben den einheimischen Enten, Schwänen, Haubentauchern und anderen Wasservögeln vor allem unzählige Wintergäste aus dem hohen Norden. Hier haben sie nicht nur eine große und zumeist weitgehend eisfreie Wasserfläche, sondern auch Nahrung in Hülle und Fülle.

So verwundert es nicht, dass vogelbegeisterte Menschen schon seit Langem die Wasservögel am Bodensee beobachten und Besonderheiten in den Annalen festhalten – so beispielsweise den Einflug von mehr als hundert Pelikanen am 8. Juni 1768 bei Lindau. Mit der systematischen Erfassung von Wasservögeln wurde allerdings erst in den 1950er Jahren begonnen. Seit Anfang der 1960er Jahre führen die Ornithologen nun regelmäßig koordinierte Zählungen rund um den See durch – seit Mitte der 1970er Jahre in etwa hundert festgelegten Teilabschnitten. Im Sommer werden dabei alle Schwimmvögel erfasst, in den Wintermonaten zusätzlich auch noch die Möwen. Diese Arbeiten sind unerlässlich, um die hohe internationale Bedeutung des Bodensees als Überwinterungs- und Rastgebiet während des Vogelzugs angemessen zu dokumentieren – eine wichtige Voraussetzung, dass hier zwei »Feuchtgebiete internationaler Bedeutung« nach der Ramsar-Konvention unter besonderen Schutz gestellt wurden: das Rheindelta sowie das Wollmatinger Ried mit Teilen des Ermatinger Beckens, das sich in Richtung Schweizer Ufer erstreckt. Gerade im Winter sind insbesondere die Naturschutzgebiete rund um den Bodensee ein begehrtes Beobachtungs-

ziel für die Ornithologen. Auf den Wasserflächen vor dem Rheindelta, dem Eriskircher Ried, dem Ermatinger Becken mit den »Begrenzungen« Reichenau und Wollmatinger Ried sowie dem äußersten Westende des Sees bei Moos finden sich nicht nur Ansammlungen von Hunderten, ja Tausenden Wasservögeln, sondern für Vogelkundler wahre »Leckerbissen«: Zwerg- und Singschwäne, Brachvögel, Zwergsäger, Pracht- und Sterntaucher oder ungewöhnliche Entenarten wie Berg-, Eis- oder Eiderente, um nur einige Beispiele zu nennen. Aber auch im Schilf und am Ufer lassen sich bemerkenswerte Beobachtungen machen, etwa wenn eine Rohrdommel um die Ecke biegt, eine Wasserralle ihr Futter sucht oder ein Eisvogel einen soeben gefangenen Fisch verspeist.

Bei der Attraktivität des Bodensees für Wasservögel wundert es nicht, dass in den vergangenen Jahrzehnten auch zahlreiche Forschungsarbeiten auf diesem Gebiet erschienen sind. Ein besonders bemerkenswertes Projekt hat sich dabei im Winterhalbjahr 2001/2002 mit der Rolle der Wasservögel als Nahrungskonsumenten befasst. Bei dieser fächerübergreifenden Untersuchung haben Ornithologen, Limnologen, Pflanzenökologen und Muschelexperten eng zusammengearbeitet – mit durchaus überraschenden Ergebnissen.

Schon lange war klar, dass der Vormarsch der Dreikantmuschel Dreissena polymorpha seit Mitte der 1960er Jahre (siehe S. 141) erhebliche Auswirkungen auf die Wasservogelpopulation haben musste.

Scheut sich oft nicht vor
Menschen: die Stockente.

Auch die Unterwasserrasen mit Armleuchteralgen galten als wichtige Nahrungsgründe. Doch wie groß ist die Bedeutung dieser Ressourcen für die überwinternden Wasservogelscharen wirklich? Und was für Folgen hat es für das Nahrungsgefüge des Sees, wenn diese Scharen alljährlich im Winter einfallen und die Ressourcen plündern? Die Antwort sollten aufeinander abgestimmte Untersuchungen über die Entwicklung der Vogel-, Muschel- und Wasserpflanzenbestände an ausgewählten Probestellen geben.

Heraus kam, dass sich insbesondere Kolbenenten, aber auch Blässhühner und Tafelenten die den Wasserpflanzen und hier vor allem an den üppigen Rasen der Armleuchteralgen (Characeen) abweiden. Dabei ist Bequemlichkeit Trumpf: Zunächst werden die flacheren Bereiche bis zu 1 Meter Tiefe abgeerntet. Hier nimmt die Biomasse der Characeen von 1,3 Kilogramm Trockengewicht je Quadratmeter Bodenfläche im Oktober auf praktisch Null im darauffolgenden Februar ab. Erst nachdem die Pflanzen im flachen Wasser weitestgehend aufgefressen wurden, müssen die Vögel ab etwa Dezember notgedrungen weiter nach unten tauchen: Dann wird die 1,5- bis Zwei-Meter-Stufe abgeweidet. Ab Februar gibt es dann nur noch in den tieferen Regionen genug zu fressen. Dass allein die Vögel für das Verschwinden der Armleuchteralgen verantwortlich sind, zeigt eindrucksvoll ein Kontrollversuch: Durch eine Art Käfig vor Fraß geschützte Pflanzenbestände werden trotz des natürlichen Alterungsprozesses kaum kleiner.

Ebenso deutlich wie die Reduktion der Pflanzenbestände fällt die Dezimierung der Muschelbänke im Uferbereich aus. Sie werden zu über 90 Prozent gefressen, erholen sich aber wieder vollständig im Laufe des Sommerhalbjahres – um dann in der nächsten Überwinterungssaison wieder Zehntausenden von Wasservögeln als Nahrungsgrundlage zu dienen. Diese hohe Fraßrate hat die an der Untersuchung beteiligten Wissenschaftler ziemlich überrascht. Wie auch die Tatsache, dass etwa die Muschelbänke vor Hagnau abgefressen werden, obwohl dort in der Regel nur geringe Wasservogelansammlungen zu beobachten sind – zumindest tagsüber. Nachts jedoch könnten, so die mögliche Erklärung der Experten, große Tauchententrupps aus dem relativ nahen Naturschutzgebiet Eriskircher Ried einfliegen, um dann ungestört die Hagnauer Dreissena-Bänke als wichtige Nahrungsquelle zu nutzen.

Der Erpel der Kolbenente beeindruckt mit seinem prachtvoll rostrot gefärbten Kopf und dem intensiv roten Schnabel.

~ ~

Die Nutzung des Bodensees

Trinkwasser für Millionen

Im Durchschnitt benötigt ein Mitteleuropäer 3 Liter Trinkwasser am Tag zum Trinken und Kochen. Einmal Duschen schlägt mit 35 Litern zu Buche und die Toilettenspülung mit 40 Litern täglich. Hinzu kommt das Wasser, das Industrie und Handwerk verbrauchen. Insgesamt rechnet beispielsweise der Bundesverband der Energie- und Wasserwirtschaft (BDEW) mit einem Wasserverbrauch von etwa 125 Litern Wasser pro Kopf und Tag, also einer ganzen Badewanne voll. Für die Trinkwasserversorgung ist der Bodensee ein Glücksfall. Dazu trägt schon das alpine Einzugsgebiet bei: Mehr als 50 Prozent davon befinden sich in Regionen über 1500 Meter über dem Meeresspiegel. Das Wasser erfüllt bereits von Natur aus in chemisch-physikalischer Hinsicht sämtliche Anforderungen der Trinkwasserverordnung. Und dank der zahlreichen Maßnahmen zur Reinhaltung des Bodensees hat das zur Trinkwasser-Aufbereitung benutzte Rohwasser aus dem See eine hervorragende Qualität. Es ist 4,5 bis 5,5 Grad kühl, hat einen pH-Wert von 7,9 bis 8,1 und eine Härte von 8,9 Grad deutscher

Härte, entsprechend 1,6 Millimol Calciumcarbonat je Liter, wie die Härte heute angegeben wird.

Wichtig ist auch, dass der See ausreichend tief ist, um das ganze Jahr über Wasser mit einer Temperatur zwischen 4 und 6 Grad Celsius entnehmen zu können. Infolge der thermischen Schichtung ist das Wasser in den Entnahmetiefen der Wasserwerke – sie liegen zwischen 40 und 60 Metern – weitgehend geschützt. Lediglich in Zeiten der winterlichen Zirkulation, also meist von Ende Januar bis Anfang März, ist ein Eintrag von oberflächennahem Wasser nicht auszuschließen (siehe S. 52). Zudem wirkt der Bodensee als großes Absetzbecken für Sedimentpartikel, die über die Zuflüsse eingetragen werden. Nur nach einem starkem Hochwasser ist an manchen Entnahmestellen eine gewisse natürliche Trübung durch den starken Eintrag von Schwebstoffen zu registrieren.

So verwundert es nicht, dass der Bodensee seit Langem als Trinkwasserlieferant genutzt wird. Weil aber die Begehrlichkeiten wuchsen, schlossen die Seeanrainer am 30. April 1966 das »Übereinkom-

Oben: Im sogenannten Quell-
topf kommt das Bodensee-
wasser hoch oben auf dem
Sipplinger Berg erstmals ans
Tageslicht. Es wird dann weiter
in den Anlagen der Bodensee-
Wasserversorgung aufbereitet
(im Bild die große Filterhalle)
und dann bis an die Nordgrenze
von Baden-Württemberg auf
die Reise zum Verbraucher
geschickt.

Unten: Die Trinkwasser-Aufbe-
reitungsanlage der Bodensee-
Wasserversorgung auf dem
Sipplinger Berg.

men über die Regelung von Wasserentnahmen aus dem Bodensee«. Wenn mehr
als 50 Liter pro Sekunde entnommen
werden, dann fällt dies unter das Übereinkommen. Gegenseitige Konsultati-
onen bei der Wasserentnahme sind vorgesehen, wenn mehr als 750 Liter pro
Sekunde in ein anderes Einzugsgebiet
überführt oder mehr als 1500 Liter pro
Sekunde innerhalb des Bodensee-Ein-
zugsgebiets verwendet werden. Die
Bodensee-Wasserversorgung hat dabei
das Recht, 670.000 Kubikmeter Wasser
pro Tag zu entnehmen.
Zwei Jahre später, am 7. Juni 1968, gründeten dann die Trinkwasserversorger
rund um den See die Arbeitsgemeinschaft der Wasserwerke Bodensee-Rhein
(siehe S. 114). Insgesamt pumpen die
verschiedenen kommunalen Wasserversorgungsunternehmen jährlich zwischen 170 und 180 Millionen Kubikmeter
aus dem See. Auf die Wasserbilanz des
Sees wirkt sich dies praktisch nicht aus
(siehe S. 39). Ein großer Teil des aufbe-

reiteten Trinkwassers wird anschließend
aus dem Einzugsgebiet ausgeleitet, und
zwar durch die Bodensee-Wasserversorgung und die Entnahme der Stadtwerke
St. Gallen. Diese beiden Wasserwerke entnehmen etwa vier Fünftel der insgesamt
aus dem See geförderten Wassermenge –
was etwas mehr als 1 Prozent des Wasser-
durchflusses durch den See entspricht.
Das erste Wasserwerk am See nahm im
Jahr 1895 die Stadt St. Gallen in Betrieb.
Die mit Abstand größte Anlage betreibt
die Bodensee-Wasserversorgung (BWV).
Etwa vier Millionen Menschen in 320 Städ-
ten und Gemeinden hängen heute an

ihrem insgesamt rund 1700 Kilometer langen Wasserleitungsnetz. Wie ein großer Baum mit einem dicken Doppelstamm und zahllosen Ästen und Zweigen zieht sich das Rohrnetz von Sipplingen am Bodensee bis weit nach Norden in den Odenwald und in die Nähe von Bad Mergentheim. Damit beim Verbraucher stets hygienisch einwandfreies Wasser aus dem Hahn fließt, wird das Bodenseewasser vorher im Wasserwerk »Sipplinger Berg« aufbereitet, wobei die Verfahren Mikrosiebung, Ozonung, Eisen(III)-Salz-unterstützte Filtration und Desinfektion kombiniert werden. Eine weitere halbe Million Menschen bekommen ihr Trinkwasser aus den übrigen Entnahmestellen rund um den See. Darüber hinaus wird an vielen weiteren Stellen Wasser zu anderen Zwecken entnommen: als Brauch- und Kühlwasser, zur Wärmenutzung und zur Bewässerung. Insgesamt sind Einflüsse durch die Trinkwassernutzung auf das Ökosystem Bodensee bisher nicht erkennbar. Und auch die Folgen anderer Wasserentnahmen halten sich glücklicherweise in engen Grenzen.

Trinkwasser und Klimaerwärmung

Der heiße Sommer 2003 hat auch bei der Wasserversorgung alle Rekorde gebrochen. Am 8. August 2003 hat das größte Wasserwerk am Bodensee, die Bodensee-Wasserversorgung (BWV) in Sipplingen, mit 531.000 Kubikmetern die höchste Tagesmenge an Wasser in ihrer Geschichte ins Trinkwassernetz eingespeist. Und mit 139,8 Millionen Kubikmetern wurde in diesem Jahr auch die bisher höchste Jahreswassermenge an die Mitglieder abgegeben. Befürchtungen, das Ökosystem des Sees könnte unter der Entnahme gelitten haben, sehen die Wasserexperten nicht, da selbst in den trockensten Zeiten der Zufluss in den Bodensee immer noch 30 Mal größer war als die Wasserentnahme in Sipplingen. Auch bei einer weiter fortschreitenden Klimaerwärmung sieht man mengenmäßig kein Problem bei der Wasserentnahme – schließlich sei das Trinkwasserreservoir Bodensee mit einem Volumen von rund 50 Milliarden Kubikmeter nahezu unerschöpflich.

Während man sich hinsichtlich der Quantität des zur Verfügung stehenden Wassers somit keine Sorgen machen muss, sind jedoch durch die Klimaerwärmung Folgen für den Bodensee nicht auszuschließen. Die Erklärung liegt im Zirkulationsverhalten des Sees: Wenn es wärmer wird, wächst die Gefahr, dass die Vollzirkulation im Winterhalbjahr und damit die notwendige Sauerstoffversorgung des Tiefenwassers immer seltener wird, weil sich die oberen Wasserschichten nicht mehr genügend abkühlen. Der beste Schutz ist daher, den See so wenig wie möglich mit Nährstoffen zu belasten. Dadurch wird das Wachstum des Planktons auf einem niedrigen Niveau gehalten – und damit auch der Sauerstoffverbrauch beim Abbau der abgestorbenen Organismen.

Am Bodensee kann man viele verschiedene Lichtstimmungen erleben.

AWBR: die Arbeitsgemeinschaft der Wasserwerke Bodensee Rhein

Gegründet wurde die Arbeitsgemeinschaft der Wasserwerke Bodensee Rhein (AWBR) von 18 schweizerischen und süddeutschen Wasserwerken am 7. Juni 1968 in Konstanz. Ziel war es, die Interessen der Trinkwasserversorger gemeinsam zu vertreten und durch Erfahrungsaustausch und regelmäßige Beratungen die Probleme der Trinkwasserentnahme aus dem Bodensee zu erörtern. Heute ist diese Organisation noch internationaler geworden, sie vereinigt mehr als 70 Wasserversorgungsunternehmen aus Deutschland, der Schweiz, Österreich, Liechtenstein und Frankreich unter ihrem Dach. Zu ihren »Schutzbefohlenen« gehört der Bodensee ebenso wie andere Alpen- und Voralpenseen sowie deren Zuflüsse, ferner der Rhein und die obere Donau. Das Gewicht dieser Vereinigung und ihr Einfluss gegenüber der Politik ergeben sich aus der beeindruckend großen Zahl ihrer Kunden: mehr als zehn Millionen Menschen werden von den Mitgliedsunternehmen mit Trinkwasser versorgt.

Und was möchte diese Arbeitsgemeinschaft erreichen? »Die AWBR fördert auf nationaler und internationaler Ebene Bestrebungen und Maßnahmen, die darauf ausgerichtet sind, die Reinheit der Oberflächengewässer sowie der begleitenden Grundwässer zu erhalten und Gefahren für die öffentliche Wasserversorgung zu beseitigen«, heißt es in den Statuten. Ziel ist es, eine Gewässerbeschaffenheit zu erreichen, die es erlaubt, Trinkwasser mit naturnahen Verfahren zu gewinnen. Konkret bedeutet dies, dass sich die AWBR am Bodensee bei allen Fragen und Projekten zu Wort meldet, welche den vorsorgenden Gewässerschutz und die Sicherheit der Trinkwasserversorgung betreffen könnten. Dazu zählten in der Vergangenheit etwa die Ölpipeline von Genua nach Ingolstadt, die am Ostufer des Sees entlangführte, genauso wie die Ölkavernen »Haldenstein« im Calandamassiv nordwestlich von Chur oder die Einleitungen von Abwässern aus der Industrie. Auch viele Forschungsvorhaben wurden und werden unterstützt, darunter zum Beispiel das Projekt »Bodensee Online« (siehe S. 133).

Frisch auf den Teller: Fischfang

Es ist schon ein mühevolles Geschäft, abends die Netze zu setzen und frühmorgens die Fische aus den Maschen zu holen. Oder reihenweise handtellergroße Barsche mit einem scharfen Messer zu filetieren. Doch die Absatzmöglichkeiten sind gut: Da Fisch als gesund gilt und zahlungskräftige Touristen im Restaurant gerne regionale Köstlichkeiten serviert bekommen, ist der Bedarf an frischem Fisch rund um den See groß. Solange der Ertrag ordentlich war und eine Familie ernähren konnte, machte das Geschäft den Berufsfischern auch Spaß. Doch seit der Jahrtausendwende wurden die Fänge zunehmend geringer – und gleichzeitig die Klagen der verbliebenen Fischer ob des Schwindens ihres »Brotfisches« Felchen immer größer. »Die fetten Jahre sind vorbei« und »Bodenseefischerei in der Existenzkrise« lauteten die Schlagzeilen in den Zeitungen rund um den See.

Noch in den 1990er Jahren lag der Felchenertrag im Schnitt bei 806 Tonnen pro Jahr – und zwar am Bodensee-Obersee. Dort sanken seit Ende des Jahrzehnts die Fangzahlen von über 900 Tonnen auf weniger als 500 Tonnen in den Jahren nach 2005. Am wesentlich flacheren Untersee ist eine ähnliche Entwicklung zu verzeichnen; doch weil er limnologisch anders reagiert als der weitaus tiefere Obersee (siehe S. 71), ist er fischereilich anders zu bewerten.

Auch bei den Barschen nahmen die Erträge mit der Nährstoffanreicherung des Sees nach 1960 zunächst stark zu. Allerdings wiesen sie teilweise außerordentlich starke Schwankungen auf: So wurde 1986 der absolute Rekord von 1263 Tonnen gefangen, nur zwei Jahre zuvor und zwei Jahre später waren es aber weniger als 200 Tonnen. Doch seit dem Jahr 2000 wären die Fischer froh, wenn sie überhaupt 200 Tonnen fangen würden – das gelang ihnen nur noch im extrem heißen Ausnahmejahr 2003. So wie es aussieht, werden auch in Zukunft die Erträge niedriger als in den 1980er und 1990er Jahren bleiben. Und das aus einem einfachen Grund: Der See ist wieder so sauber wie in den 1950er Jahren. Damals wurden auch nicht mehr, sondern eher noch weniger Felchen gefangen als heute.

Die »Abspeckkur« des Bodensees in den vergangenen Jahrzehnten vergleichen die Seenforscher in Diskussionen mit Fischern dabei gerne mit dem BMI, also dem Bodymaßindex, einer Maßzahl für die Bewertung des Körpergewichts eines Menschen. Bekanntlich empfehlen die Ärzte Patienten mit einem zu hohen BMI, wegen der damit verbundenen Gesundheitsgefahren abzuspecken. Das galt auch

Guten Appetit!

Unten: In der Nähe der Rheinmündung sind die Fanggründe gut: Fischer beim Einholen der Netze.

Ganz unten: Auf Felchenfang.

für den zu nährstoffreich gewordenen Bodensee, dessen BMI – um im Bild zu bleiben – viel zu hoch war. Nun ist sein BMI nach der Abmagerungskur wieder in Ordnung. Doch damit sind auch die fetten Jahre für die Fische vorbei, weshalb die Fänge in Zukunft wohl weniger Berufsfischer ernähren können. So wurde in den vergangenen Jahren die Zahl der sogenannten Patente stetig gesenkt. Im Protokoll der Konferenz der Fischereibevollmächtigen aus dem Jahr 1901 wurde die Gesamtzahl von 460 Fischern und Fischereigehilfen am See vermerkt. Im Jahr 1934 waren es noch 218 Patente, 1995 war die Zahl auf 158 gesunken. Im Jahr 2007 stellten nur noch rund 140 Berufsfischer am Bodensee ihre Netze. Hinzu kamen aber 13.500 Freizeitfischer, die mit der Angel auf Fischfang gingen.

Die andere Konsequenz aus dieser Entwicklung ist, dass auch die Fische, die an Restaurants und Privatkunden verkauft werden können, sowohl kleiner als auch weniger werden. Insbesondere bei den beliebten Felchen sind Engpässe nicht auszuschließen – zumal sich diese Fischart im Gegensatz zu Forellen noch nicht in Zuchtanlagen großziehen lässt. Dafür bekommt der Fischliebhaber mit einem fangfrischen Bodenseefelchen ein hochwertiges Produkt auf den Teller, das zu verspeisen eine Freude für Gaumen und Seele ist.

Geregelte Fischerei: Das Abkommen von Bregenz

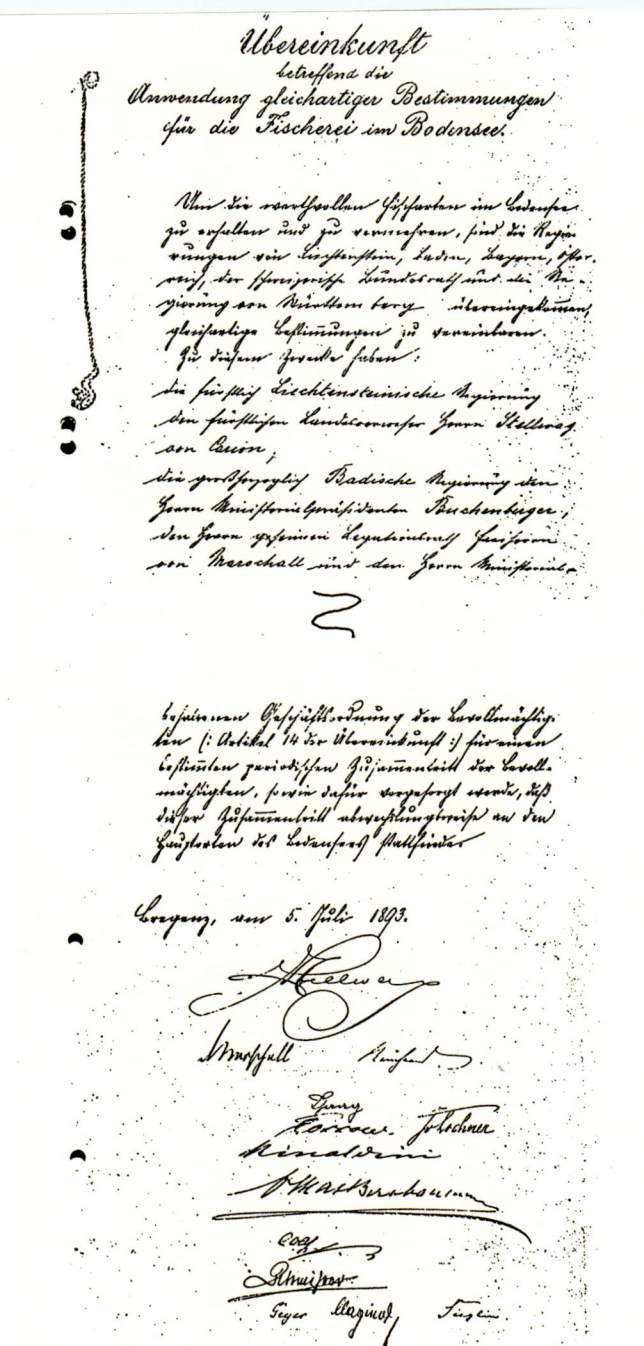

Am 5. Juli 1893 wurde in der Vorarlberger Landeshauptstadt Bregenz eine Übereinkunft geschlossen, die zu den ältesten internationalen und auch heute noch gültigen Fischereiverträgen zählt: Die »Bregenzer Übereinkunft« diente zur gemeinsamen fischereilichen Bewirtschaftung des Sees durch die Anrainerländer und -kantone und auch dazu, die wertvollen Fischarten im Bodensee zu erhalten und zu vermehren. Unterzeichnet wurde der Vertrag von den Regierungen in Baden, Württemberg, Bayern, Österreich und der Schweiz. Mit dabei war von Anfang auch das Fürstentum Liechtenstein, das zwar nicht an den See grenzt, aber wichtige Laich- und Aufwuchsgebiete insbesondere für die Seeforelle beheimatet.

Noch heute regelt die Internationale Bevollmächtigtenkonferenz für die Bodenseefischerei (IBKF) die – wie es in der Bregenzer Übereinkunft heißt – »Anwendung gleichartiger Bestimmungen für die Fischerei am Bodensee«. 1893 wurde festgelegt, den See als Einheit zu betrachten, wobei nur die Uferregion, die flacher als 25 Meter ist, in die nationale Verantwortung des jeweiligen Anrainerstaates fällt. Die tieferen Teile gelten als internationales Gewässer und sind für alle Fischer offen. Und: Schonzeiten, Beschaffenheit und Maschenweiten sowie die Zahl der Netze gelten für alle Fischer am See gleichermaßen.

Bis heute haben diese Grundsätze genauso wie die Zusammenarbeit der Anrainerstaaten gut funktioniert. Allerdings wurden – und werden – die Richtlinien stets überarbeitet und an die sich ändernden Gegebenheiten angepasst. Dabei gelten die folgenden Leitziele:

• gleichbleibende Erträge zu erzielen;
• den Schutz der Natur allgemein und denjenigen der Fischbestände im Besonderen zu gewährleisten;
• die natürliche Artenvielfalt zu erhalten.

Ohne wissenschaftliche Forschung und Datenerhebung – darunter fallen auch die jährlichen Fangberichte – sind Regelungen für eine nachhaltige Befischung des Sees nicht möglich. So untersucht und misst eine ganze Reihe von Fachinstitutionen die Einflussgrößen, die für die Entwicklung der Fische von entscheidender Bedeutung sind: Die Bestände von Zooplankton und Felchen werden unter anderem mit speziellen Echolotmethoden ermittelt, Versuchsfischerei und Untersuchungen des Mageninhaltes der Fische zur Bestimmung des Nahrungsangebotes kommen hinzu. Aus den Ergebnissen werden dann Maßnahmen und Empfehlungen entwickelt, die den Fischbestand des Bodensees langfristig sichern helfen.

So ist es für eine nachhaltige Bewirtschaftung beispielsweise unerlässlich, dass jeder Fisch mindestens einmal abgelaicht haben sollte, bevor er gefangen wird. Außerdem sollten die Netze so beschaffen sein, dass sich die Fische erst in einem Alter darin verfangen, in dem sich ihr Wachstum deutlich verlangsamt. Weil aber zum Beispiel die Felchen früher, als der Bodensee noch viel nährstoffreicher war, schneller wuchsen als im heutigen, weitaus nährstoffärmeren See, müssen auch die Fangmethoden – und hier insbesondere die Maschenweiten – an die neue Situation angepasst werden. So wurden bis Anfang der 1960er Jahre mit Netzen gefischt, die eine Maschenweite von teilweise weniger als 40 Millimetern hatten. Ab der zweiten Hälfte der 1960er Jahre wurden dann wegen des besseren Wachstums der Felchen Maschenweiten von 44 Millimetern vorgeschrieben – zeitweise wurden sogar 48 Millimeter erwogen. Da jetzt die Felchen wieder langsamer wachsen und daher bei geringerer Größe geschlechtsreif werden, sind seit 2007 neue Regelungen für den Felchenfang in Kraft, die wieder engere Maschenweiten erlauben.

Das Bregenzer Abkommen regelt seit 1893 die Fischerei auf dem Bodensee.

Baden, segeln, genießen: Attraktion für Touristen

Keine Frage, der Bodensee hat nicht nur bei den Einheimischen einen hohen Stellenwert, sondern auch bei den Touristen: Über sechs Millionen Übernachtungen werden jährlich gezählt. Hinzu kommt eine noch weit höhere Zahl an Tagestouristen. Allein für das deutsche Bodenseegebiet gehen die Tourismusexperten von jährlich rund 14 Millionen Tagesausflüglern aus. Natürlich schwanken die Besucherzahlen von Jahr zu Jahr. Aber die Region Bodensee wird offenbar immer beliebter. Nicht nur das Nordufer des Obersees ist ein Urlaubsmagnet, auch andere Seeregionen erfreuen sich zunehmender Beliebtheit, so etwa die felsigen Gestade des Überlinger Sees, die sanfte Landschaft des Untersees oder das Naturschutzgebiet um die Rheinmündung, das selbst im Winter viele Vogelkundler anzieht.

Die Hauptattraktionen liegen auf der Hand: baden, Boot fahren, segeln, tauchen, natürlich auch angeln, schlemmen, Rad fahren, campen, einkaufen und vieles mehr. Doch bei den hohen Besucherzahlen sind diese Aktivitäten mit teilweise erheblichen Belastungen für den See verbunden. Das beginnt bereits beim Wasserverbrauch der Touristen: Als solche produzieren sie im Urlaub statt der sonst üblichen 130 bis 160 Liter Abwasser am Tag sage und schreibe 400 bis 800 Liter täglich – in den Ferien darf's eben auch beim Wasserverbrauch ein bisschen mehr Luxus sein. Die zahlreichen Touristen sorgen auch für strukturelle Belastungen. Allein die Campingplätze im Uferbereich summieren sich auf eine Fläche von insgesamt etwa 1,5 Quadratkilometern. Und rund 18 Kilometer Ufer werden von Strandbädern und Badeplätzen in Anspruch genommen. Hinzu kommen die negativen Auswirkungen durch den in den

Sommermonaten zeitweise sehr dichten Autoverkehr. Und schließlich tummeln sich an schönen Tagen unzählige Freizeitboote auf dem See mit all den dadurch verbundenen Störungen der Tierwelt und den Belastungen durch Lärm und Abgase.

Der Bodensee lädt zum Bade

Wenn einmal am Bodensee eine Badesaison weniger erfolgreich ist, dann liegt das am Wetter. Die Qualität des Badewassers ist nämlich gleichbleibend ausgesprochen gut. Selbst Hochwasserereignisse bringen – insgesamt gesehen – allenfalls nur kurzzeitig lokale Beeinträchtigungen mit sich. So strahlt zum Beispiel die amtliche Badegewässerkarte Jahr für Jahr in tiefem Blau, was »zum Baden gut geeignet« bedeutet. Lediglich wenige Plätze sind in manchen Jahren mit grün gekennzeichnet, sie fallen also »nur« in die Kategorie »zum Baden geeignet«. Bei einer so hervorragenden

Badewasserqualität stehen im Zuge der Klimaerwärmung die Chancen gut, dass der Bodensee von immer mehr Badelustigen und Sonnenanbetern zum Urlaubsziel auserkoren wird.

Ein Eldorado für Taucher

Attraktiv, aber anspruchsvoll: So kann man den Bodensee als Taucherziel charakterisieren. Am interessantesten sind die Tauchreviere im Überlinger See. Allerdings sollten wegen der hier steil abfallenden Uferwände und dem kalten Tiefenwasser nur erfahrene Taucher ins Wasser gehen. Das Tauchen am berühmt-berüchtigten Teufelstisch in der Nähe von Wallhausen (siehe S. 36) ist nach zahlreichen tödlichen Unfällen mittlerweile nur noch mit einer Sondergenehmigung erlaubt. Attraktiv, aber wegen der großen Tiefen ebenfalls nicht ungefährlich ist das Tauchen nach Schiffwracks im Bodensee. Das Wrack des 1864 in der Nähe von Kreuzlingen

Links: Der See lockt zum Bade.

Rechts: Romantik pur – auch das kann man am Bodensee erleben.

Der Traum eines jeden Motor-yacht-Besitzers: flott über den See zu düsen – aber die Geschwindigkeitsbegrenzung von 40 Stundenkilometern muss eingehalten werden.

gesunkenen Raddampfers »Jura« ist mittlerweile als Kulturgut unter besonderen Schutz gestellt worden (siehe S. 27).

Der Sportbootverkehr ist streng reglementiert

Die Bedeutung des Bodensees als Freizeitraum hatte in der zweiten Hälfte des vergangenen Jahrhunderts stetig zugenommen – und damit auch die von Motorbooten und Ausflugsschiffen ausgehende Belastung. Um diese dennoch in Grenzen zu halten, mussten wirkungsvolle Vorschriften erlassen werden. Sie führten dazu, dass die Zahl der Boote seit 1990 weitgehend konstant geblieben ist: Im Jahr 2005 waren ungefähr 57.000 »Vergnügungsfahrzeuge« auf dem See zugelassen. Umgerechnet auf die Uferlänge bedeutet dies ungefähr alle 5 Meter ein Boot. Mit knapp 23.000 Wasserliegeplätzen sind die bestehenden Häfen voll ausgelastet

– das erklärte Ziel ist es, auch diese Zahl eher zu verringern als auszuweiten.

Wer auf dem See mit einem eigenen Boot herumschippern will, braucht eine amtliche Bodenseezulassung. Diese ist drei Jahre lang gültig. Zudem ist das sogenannte Bodenseeschifferpatent erforderlich, wenn die Motorleistung über 4,4 Kilowatt liegt und/oder mehr als 12 Quadratmeter Segelfläche vorhanden sind. Wassermotorräder sind übrigens ganz verboten.

Um die Belastung durch die Abgase der Freizeitboote zu verringern, wurden 1993 am Bodensee Abgasnormen eingeführt – weltweit die ersten derartigen Vorschriften für Bootsmotoren überhaupt. Sie gelten in der 1996 verschärften Form auch heute noch. Und weil der Bodensee als Trinkwasserspeicher so wertvoll ist, sind sie insgesamt deutlich strenger als die von der EU europaweit erlassenen Sportbootrichtlinien.

Das hat insbesondere die Zweitakt-Außenborder getroffen. Sie pusten nämlich besonders viele Schadstoffe direkt in den See, so etwa flüchtige organische Verbindungen, kurz VOC (volatile organic compounds), zu denen aromatische Kohlenwasserstoffe wie beispielsweise das hoch giftige Benzol gehören. Daher waren Zweitakter am Bodensee nicht mehr erlaubt – lediglich alte, bereits früher zugelassene Motoren genießen noch Bestandsschutz, aber nur in Verbindung mit demselben Boot. Die Technik hat aber auch bei den Zweitakt-motoren nicht haltgemacht: So haben die Ingenieure so lange getüftelt, bis sie

Keine Seltenheit: ein Post-karten-Sonnenuntergang am Bodensee.

einen Zweitakter dank Direkteinspritzung und anderer technischen Maßnahmen so sauber bekommen haben, dass er seit Ende 2007 sogar am Bodensee zugelassen werden kann – wenn auch »nur« bis 100 PS. Aber das sollte für einen Außenborder auch genügen.

Doch auch Viertakter und Dieselmotoren waren – insbesondere in Wasserfahrzeugen – wahrlich keine Saubermänner. Das große Problem ist, dass die Außenbordmotoren und ein Großteil der Einbaumotoren von Vergnügungsfahrzeugen die Abgase direkt ins Wasser einleiten. Deshalb sehen die Vorschriften strenge Grenzwerte für Kohlenmonoxid, Kohlenwasserstoffe und Stickoxide vor. Diese strengen Vorschriften müssen auch von Austauschmotoren eingehalten werden, weshalb in absehbarer Zeit sämtliche auf dem See fahrenden Boote mit vergleichsweise sauberen Motoren unterwegs sein dürften.

Im Rahmen der Bodensee-Schifffahrtsordnung (BSO) ist auch geregelt, dass eine Geschwindigkeit von 40 Stundenkilometern nicht überschritten werden darf und dass die Boote einen Mindestabstand von 300 Metern zum Ufer einhalten müssen. Von Schilf- und Wasserpflanzenbeständen müssen die Bootsführer mindestens 25 Meter entfernt bleiben. Und insbesondere während der Brutzeit, der Mauser und der Überwinterung müssen größere Abstände zu Vogelansammlungen und Vogelhabitaten eingehalten werden. An diese Regel sollten sich auch Ruderboote halten: Wer einmal erlebt hat, wie Hunderte von Enten an einem kalten Wintertag in die Luft flüchten, nur weil ihnen ein gedanken- oder rücksichtsloser Freizeitpaddler zu nahe gekommen ist, der weiß, wie sinnvoll diese Forderung nach genügend Abstand ist (siehe S. 106).

~ ~

Der Schutz des Sees

Vorsorge ist besser als Nachsorge: die Abwasserreinigung

Es ist schon erstaunlich, was so eine moderne Kläranlage zu leisten vermag: Dreckbrühe rein, sauberes Wasser raus. Ohne die mehr als 220 Kläranlagen, die es mittlerweile im Einzugsgebiet des Sees gibt, wäre der Bodensee längst »umgekippt«. Wie sehr sich das rund vier Milliarden Euro teure Kläranlagen-Investitionsprogramm für den See gelohnt hat, wurde bereits im ersten Kapitel geschildert.

Doch wie kommt eine so gute Reinigungsleistung zustande? Prinzipiell werden in der Kläranlage dieselben Selbstreinigungskräfte genutzt, die auch in der Natur in einem Fließgewässer wirken. Diese können allerdings nur so lange funktionieren, wie sie nicht durch zu hohe Belastungen überfordert werden. Mit der stetig wachsenden Bevölkerung sowie den oft stark belastenden Einleitungen durch die wachsende Industrie und die Abschwemmungen von Dünger aus den immer intensiver genutzten landwirtschaftlichen Flächen aber waren die Fließgewässer und auch der Bodensee ab Ende des 19. Jahrhunderts und vor allem aber nach dem Zweiten Weltkrieg zunehmend überfordert. Weil die Fließstrecken der Flüsse nicht mehr zur Reinigung ausreichten, mussten die natürlichen Reinigungskräfte der Natur auf kleinem Raum konzentriert werden: eben in Klär- oder Abwasserreinigungsanlagen, die im Laufe der Jahrzehnte immer weiter technisch aufgerüstet wurden. Wie viel Abwasser eine Kläranlage bewältigen kann, wird in sogenannten Einwohnergleichwerten (EGW) oder – in der Schweiz – in Einwohnerwerten ausgedrückt. Das ist diejenige Abwassermenge, die ein »natürlicher Einwohner« am Tag produziert. Der Einwohnergleichwert wird auch bei der Beurteilung von Industrie- und sonstigen Abwässern als Bezugsbasis angesetzt. Bedeutungsvoll ist insbesondere das Schmutzwasser, also verschmutztes Abwasser, das aus den Haushalten und hier vor allem aus der Toilettenspülung, der Körperpflege sowie dem Waschen und Spülen stammt sowie aus Gewerbe und Industrie. Hinzu kommt bei der oft vorhandenen Mischkanalisation noch verschmutztes Regenwasser zum Beispiel

behandelter Abwässer lag 2001 bei 97 Prozent und 2007 bei 99,1 Prozent. Beim Anschlussgrad und der Phosphoreliminierung lassen sich also praktisch keine Verbesserungen mehr erzielen – hier ist international ein vorbildlich hohes Niveau erreicht. Nun gilt es, diesen hohen Standard auch in Zukunft zu halten. Hierzu muss man vom Reparaturgedanken wegkommen und das Vorsorgeprinzip zum obersten Gebot erheben. Dieses ist – neben anderen grundlegenden Prinzipien – auch in den 2005 formulierten Bodensee-Richtlinien der Internationalen Gewässerschutzkommission für den Bodensee zu finden. Mit Hilfe dieser Prinzipien lassen sich auch neu auftauchende Probleme bei der Abwasserreinigung bewältigen. Denn selbst wenn das Abwasser nach allen Regeln der Technik behandelt wurde, kann es noch eine ganze Reihe von Stoffen enthalten, die in den Zuflüssen des Bodensees und im See selbst unerwünscht sind. Ein Beispiel aus jüngster Zeit sind Arzneimittelreste und Abbauprodukte von Medikamenten, von denen einige – wie auch andere chemische Stoffe – auf Wasser-Lebewesen wie Hormone wirken können. Im Bodenseewasser sind die Konzentrationen jedoch sehr gering, sie liegen im Bereich von wenigen Nanogramm (Milliardstel Gramm) pro Liter. Einige Zuflüsse wie zum Beispiel die Schussen weisen dagegen Werte auf, bei denen subtoxische und chronische Veränderungen von Wassertieren nicht mit Sicherheit auszuschließen sind.

Ohne den massiven Bau von Kläranlagen – hier die Abwasserreinigungsanlage Bendern im Fürstentum Liechtenstein – wäre der Bodensee heute »umgekippt«.

von stark befahrenen Straßen. Demgegenüber sollte sauberes Regenwasser, etwa von Dächern, möglichst auf natürliche Weise versickern. Die Angaben für die mittlere Abwassermenge pro Kopf schwanken von Region zu Region: In Bayern wird zum Beispiel mit 130 Litern je Person und Tag gerechnet, im schweizerischen Kanton St. Gallen mit etwa 160 Litern.

Massiv ausgebaut wurde in den vergangenen Jahrzehnten nicht nur die Kläranlagentechnik, sondern auch der sogenannte Anschlussgrad: Er gibt an, wie viel Prozent der Bevölkerung einer Region an eine Kläranlage angeschlossen sind. Gelangte im Jahr 1972 nur das Abwasser von einem Viertel der anschließbaren Einwohner und Einwohnergleichwerte in eine Sammelkläranlage mit biologischer Reinigungsstufe, so war man Ende 1985 bereits bei einem Anschlussgrad von 90 Prozent angelangt, 2001 bei 95,4 Prozent und 2007 bei 97,5 Prozent. In gleichem Maße wurde die Phosphoreliminierung ausgebaut: Der Anteil solchermaßen

Dasselbe trifft auch auf die Unkraut-, Insekten- und Pilzvernichtungsmittel (Herbizide, Insektizide und Fungizide) zu. Hier gelangte insbesondere das sogenannte Totalherbizid Atrazin in den 1990er Jahren zu trauriger Berühmtheit. Weil es in immer höheren Konzentrationen überall in der Umwelt zu finden war, sagten ihm die Wasserschutzexperten ab Ende der 1980er Jahre den Kampf an. So wurde es 1988 zunächst in Baden-Württemberg in Wasserschutzgebieten und dann von März 1991 an in ganz Deutschland verboten. Mit dem Totalverbot sanken in der Folge auch die Atrazingehalte im Wasser. Doch mittlerweile finden sich mancherorts in Fließgewässern andere Pflanzenschutzmittel, so etwa das Herbizid Metamitron. Angesichts der Tatsache, dass sich unter den 80.000 bis 100.000 Stoffen, die weltweit vermarktet werden, einige Tausend mit potenziell unerwünschter Wirkung befinden, ist für die Gewässerexperten Wachsamkeit angesagt. Zumal einerseits immer wieder neue Stoffe hinzukommen und sich andererseits auch stets neue Kombinationen und verstärkende Wirkungen ergeben können, die womöglich auf die Wasserlebewesen ungeahnte Wirkungen entfalten. Daraus ergibt sich die von den Wasserschützern immer wieder völlig zu Recht vorgetragene Forderung, die Emissionen von Schadstoffen – wo immer dies möglich ist – aus Vorsorgegründen weiter zu minimieren und die Überwachung stets an die neuesten Erkenntnisse anzupassen.

Kläranlagen: Entscheidend ist, was hinten rauskommt

Das im Kanalsystem gesammelte Abwasser wird zunächst mechanisch vorgereinigt: Am Rechen verfangen sich grobe Verunreinigungen, aufschwimmende Stoffe wie Öle und Fette werden abgefangen; im Sandfang und im Vorklärbecken setzen sich Feststoffe ab. Dann kommen im biologischen Teil der Kläranlage die Mikroorganismen zum Zug, die bei ausreichend vorhandenem Sauerstoff organische Stoffe abbauen. Gemessen wird dieser Kohlenstoffabbau in der Regel über den CSB, den chemischen Sauerstoffbedarf. Inzwischen sind die meisten Kläranlagen im Einzugsgebiet des Bodensees auch mit einer sogenannten Nitrifikation ausgerüstet: Hier sorgen spezielle Bakterien dafür, dass die giftigen Stickstoffverbindungen Ammonium beziehungsweise Ammoniak sowie

Die Grundprinzipien der IGKB

Im Jahr 2005 hat die Internationale Gewässerschutzkommission für den Bodensee (IGKB) in den Bodensee-Richtlinien festgeschrieben, dass für den See und sein Einzugsgebiet die folgenden Prinzipien gelten sollen:
• Nachhaltigkeitsprinzip
• Vorsorgeprinzip
• Minimierungsprinzip
• Verursacherprinzip
• Kooperationsprinzip

Nitrit in kaum belastendes Nitrat umgewandelt werden. Noch weiter geht die Reinigung in Anlagen, die mit der Technik der Denitrifikation arbeiten. Wiederum sind es spezielle Bakterien, die sogenannten Denitrifizierer, die bei diesem Schritt die Umwandlung vornehmen – und zwar von Nitrat in molekularen Stickstoff. Diese Form des Stickstoffs entweicht weitestgehend in die Atmosphäre. Im Wasser kann molekularer Stickstoff nur von wenigen Lebewesen, etwa manchen Blaualgen (Cyanophyceen), direkt genutzt werden und stellt daher praktisch keine Belastung dar.

Weil der Phosphor als wichtigster Algennährstoff für den Bodensee eine besonders große Gefahr darstellt, wird er in allen Kläranlagen im Einzugsgebiet gesondert herausgeholt: Mit Hilfe von Eisen- oder Aluminiumsalzen wird er ausgefällt und damit dem gereinigten Abwasser, das letztlich in den See gelangt, entzogen. Manche Kläranlagen sind mittlerweile zudem mit einer sogenannten Flockungsfiltration ausgerüstet: Ein Flockungsmittel bindet selbst ganz kleine Schwebeteilchen, das Konglomerat wird dann von einem Filter zurückgehalten.

Die wichtigste Voraussetzung für das optimale Funktionieren einer Kläranlage ist – neben der entsprechenden Technik – die Erfahrung des Betriebsleiters. Er muss die Anlage richtig bedienen und dafür sorgen, dass sie stets reibungslos und so effektiv wie nur möglich arbeitet. Und das nicht nur unter optimalen Bedingungen, sondern auch in schwierigen Situationen, also etwa nach heftigen Regenfällen oder wenn an einem verlängerten Maiwochenende plötzlich Heerscharen von Touristen am Bodensee einfallen und die Kläranlagen zusätzlich belasten.

Mikroschadstoffe

Eine Herausforderung für die Gewässerschützer stellen die Rückstände von Arzneimitteln und anderen Verbindungen dar, die für die im Wasser lebenden Organismen eine Gefährdung darstellen können. Sowohl über die natürliche Ausscheidung des Menschen als auch über die Entsorgung nicht eingenommener Arzneimittel in der Toilette sowie durch produktionsbedingte Einleitungen entsprechender Chemikalien gelangen solche Mikroschadstoffe in die Umwelt, die unter anderem auch potenziell als Hormone wirken können. Zu den hormonaktiven Industriechemikalien zählen Oktyl- und Nonylphenol, die als Abbauprodukte waschaktiver Substanzen von Industrie-Reinigungsmitteln in die Umwelt gelangen.

Untersuchungen in Kläranlagen im Schweizer Kanton Thurgau aus den Jahren 2001 und 2005 ergaben, dass es sich bei den nachgewiesenen hormonaktiven Substanzen zu 90 Prozent um natürliche Östrogene handelte. Allerdings sank die Belastung durch diese Stoffe im Untersuchungszeitraum deutlich. Als Hauptgrund für die Reduktion der natürlichen und synthetischen Hormone gilt der technische Ausbaustandard der Abwasserreinigungsanlagen. Darüber hinaus hat in der Schweiz ein Verbot geholfen: Seit August 2005 sind Oktyl- und Nonylphenol auch in Industrie-Reinigungsmitteln verboten.

Hafenanlagen gehören zu den stärksten Eingriffen in die natürliche Uferstruktur.

Kiesufer statt Betonmauer: die Uferrenaturierung

Die entlang des Ufers aufgereihten Pappeln signalisieren Natur. Und davor plätschern die Wellen sanft an den flachen Kiesstrand. Ein paar junge Bäume wachsen zwischen den Kieselsteinen, auch Schilf breitet sich aus. Ein richtig idyllisches Bild also, das von den Häusern hinter den Pappeln kaum getrübt wird.

Das war jedoch nicht immer so. Denn bis zum Jahr 2004 war die Uferböschung an dieser Stelle in Wangen bei Öhningen am Nordufer des Untersees durch riesige Betonplatten gesichert. Der hier ansässige Ruderclub wollte das Ufer für Bootsliegeplätze nutzen. Selbstverständlich war dazu ein »ordentlicher«, also gut zu begehender Untergrund unerlässlich. Dass direkt dahinter schöner grüner Rasen angesät war, entsprach ebenfalls dem früheren Nutzungsdenken. Mittlerweile hat sich die Erkenntnis durchgesetzt, dass zu einem intakten See auch ein natürliches oder naturnahes Ufer gehört. Und auch für die heutigen Touristen ist ein mit Pflanzen bewachsenes Ufer weit attraktiver als hässliche Betonplatten. So entschloss man sich in der Gemeinde Öhningen-Wangen, auf einer Länge von 350 Metern wieder naturnahe Verhältnisse am Ufer zu schaffen – allerdings ohne die Nutzung der Naherholung zu ändern. Im Winterhalbjahr 2004/2005 wurden die Betonplatten und Mauerreste abgetragen und das Ufer mit Mineralboden und Kies unterschiedlicher Korngrößen naturnah gestaltet. Der Erfolg der rund 240.000 Euro teuren Maßnahme ließ nicht lange auf sich warten: Bereits ein Jahr später war die Kiesfläche grün durchsetzt und auch die »Schilfinseln« waren gut angewachsen. Kies statt Beton, sanft ansteigende Ufer statt senkrechte Mauern, Schilf statt grüner Rasen: Immerhin 34 Kilometer der Uferstrecke sind in den vergangenen Jahren im Zuge von knapp hundert Renaturierungsprojekten auf diese oder ähnliche Weise renaturiert worden. Das erklärte Ziel der Anliegerstaaten ist es, nicht nur keine neuen »Betonstrukturen« am Ufer mehr zuzulassen, sondern durch Revitalisierungsmaßnahmen den Anteil naturnah gestalteter Uferstrecken weiter zu erhöhen. Hierzu soll auch das im Jahr 2004 ins Leben gerufene, umfangreiche Aktionsprogramm Ufer- und Flachwasserzone der Internationalen Gewässerschutzkommission für den Bodensee (IGKB) beitragen.

Die Renaturierung solcher »hart verbauten« Uferabschnitte kann sich auch in wirtschaftlicher Hinsicht rechnen: So hat der mit dem Pfingsthochwasser 1999 kombinierte Sturm gezeigt, dass natürliche Ufer den hohen Wellen sehr viel

besser trotzen können als die vom Menschen errichteten Mauern. Der Grund: selbst hohe Wellen laufen an solchen Ufern langsam und damit vergleichsweise harmlos aus, ein schadensträchtiger »Überstau« wie an senkrechten Mauern ist nicht möglich.

Ganz oben: Vor der Sanierung waren weite Strecken des Ufers bei Öhningen-Wangen am Untersee betoniert.

Oben: Mit Kiesschüttungen und Schilfanpflanzungen wurde das vormals betonierte Ufer bei Öhningen-Wangen im Winter 2004/2005 naturnah gestaltet.

Bei solch massiven Mauern kann sich keine natürliche Ufergesellschaft mehr ausbilden.

Verbaute Ufer- und Flachwasserzone

Für den See zählen das Ufer und das anschließende flache Wasser zu den ökologisch bedeutungsvollsten Lebensräumen. Im Vergleich zu allen anderen Seekompartimenten sind die Lebensgemeinschaften hier am vielfältigsten (siehe S. 34). Doch zugleich reagieren sie auch am empfindlichsten auf Störungen aller Art. Gerade in diese sensible Zone hat der Mensch besonders stark eingegriffen: Hafenanlagen, Bojenfelder, Strandbäder und Ufermauern – die Liste der Eingriffe in diese ökologisch besonders wertvolle Zone ist lang.

Die »Sünden der Vergangenheit« belegte eine im Auftrag der Internationalen Gewässerschutzkommission für den Bodensee (IGKB) zwischen 1999 und 2005 vorgenommene Bestandsaufnahme: Demnach waren 45 Prozent des 273 Kilometer langen Bodenseeufers als »stark« bis »sehr stark« verbaut einzustufen. Dabei schnitt der kleinere Untersee mit seinen großen Naturschutzgebieten und deshalb »nur« 34 Prozent verbauter Uferstrecke deutlich besser ab als der

große Obersee, wo die Hälfte des Ufers stark und sehr stark verbaut ist. Die Basis dieser Daten bildeten rund 5.800 nach einem einheitlichen Schema kartierte 50-Meter-Abschnitte rund um den See.

Glücklicherweise gibt es am Bodensee dank entsprechender Schutzmaßnahmen bis heute noch funktionsfähige Ufer- und Flachwasserzonen. Diese können nun bei Renaturierungsmaßnahmen ebenso wie historische Bilder und Beschreibungen als Referenzen dienen, wenn es um die Festlegung des angestrebten natürlichen oder naturnahen Zustandes geht.

Harte Kämpfe: Nutzungskonflikte

»Es ist allgemein bekannt, dass große Stücke des Bodenseeufers ein Opfer der neuen Zeit geworden sind; wenn es so weitergeht, wird seine ursprüngliche Schönheit bald zerstört sein. Wir sind im Begriff, den natürlichen See zu töten und seinen Leichnam in einen gepanzerten Sarg zu betten. Von den verschiedensten Seiten werden an den See Ansprüche gestellt, die er erfüllen soll.

Für alle Nutznießer stellt der Bodensee einen Wer dar, der, von der Einzelforderung aus gesehen, um so größer ist, je mehr sich der See in ihren Dienst zwingen lässt. Nur allzu leicht entsteht ein Wettkampf um den See, und wenn sich wie bisher die einseitig wirtschaftliche Auswertung des Sees fernerhin durchsetzt, so wird der See schließlich diesen einseitigen Interessen zum Opfer fallen.« Nein, diese Sätze stammen nicht aus einem aktuellen Prospekt der Naturschützer oder dem Politikprogramm der Grünen. Sie sind einem Vortrag entnommen, den der schwäbische Heimat- und Naturschützer Hans Schwenkel am 9. Juni 1926 im damaligen Institut für Seenforschung und Seenbewirtschaftung in Langenargen gehalten hat. An Aktualität haben diese Worte gleichwohl nichts eingebüßt: Sie zeigen in aller Deutlichkeit den seit Beginn der Industrialisierung andauernden Konflikt zwischen ökonomischer Nutzung und ökologischer Bedeutung und Bewahrung des Sees.

Die Träume und Visionen, die auf Profit bedachte Industriekapitäne im Verein mit technikbegeisterten Ingenieuren ab Mitte des 19. Jahrhunderts am und um den Bodensee entwickelt haben, wurden je nach Standpunkt als kühn bejubelt oder als wahnwitzig bekämpft. Sie wollten diese Region zu einer Art zweitem Ruhrgebiet entwickeln. Der Rheinfall sollte gesprengt werden, um großen Schiffen die Fahrt von der Nordsee bis zum See zu ermöglichen. Große Industriekomplexe mit den dazugehörigen Häfen sollten entstehen, ein internationaler Großflughafen sollte riesigen Flugbooten den Weg in die Welt eröffnen. Und bis nach dem Zweiten Weltkrieg träumten nicht nur Politiker davon, eine Brücke zwischen Meersburg und Konstanz zu bauen, um so den Fährverkehr überflüssig zu machen.

Verhindert haben diese Pläne letztlich wohl weniger der Widerstand der Naturschützer, sondern eher die politischen Rahmenbedingungen und vor allem die immensen Kosten für solche Projekte, die insbesondere nach der Weltwirtschaftskrise 1929 sowie während und nach den Kriegen niemand aufbringen konnte. Hinzu kam ein wichtiger Sieg für den Umweltschutz, als 1938 das Wollmatinger Ried westlich von Konstanz – immerhin eine Fläche von weit mehr als 400 Hektar – unter Naturschutz gestellt wurde.

Nach dem Zweiten Weltkrieg hat sich dann der Natur- und Umweltschutz am Bodensee einen zunehmend höheren Stellenwert erarbeitet. Dabei halfen auch wirtschaftliche Argumente, wobei sicherlich der Wert des Sees als Trinkwasserspeicher und für den Tourismus an oberster Stelle stand. Ein zumindest auf lange Zeit klares Ende fanden die Planspiele um die Schiffbarmachung des Rheins von Basel bis zum Bodensee im Jahr 1973 durch einen Volksentscheid im Kanton Thurgau: Nun ist es dort verboten, am Bodensee und am Rhein Schleusen, Kraftwerke und Frachthäfen zu bauen.

Streit um die kommerzielle Nutzung des Bodensees und seiner Ufer gibt es gleichwohl immer wieder. Einige Beispiele aus der jüngsten Vergangenheit mögen dies belegen:

• In den 1990er Jahren wurde um eine Landefläche für Wasserflugzeuge mitten auf dem See gerungen; nach dem geballten Widerstand von Umweltschützern, Wasserexperten, Seglern und Fischern wurde das Projekt aufgegeben.

• Im schweizerischen Rorschach sollte um die Jahrtausendwende am Bodenseeufer ein riesiges Kongress- und Vergnügungszentrum entstehen, Swiss Marina genannt. Auf rund 300.000 Quadratmetern Gebäudefläche sollten ein großes Hotel, Wohnungen, Tiefgaragen, Restaurants, Läden, Kongresssäle, Diskotheken sowie ein Amphitheater und eine Arena entstehen. Auf der Seeseite sollte ein großer Yachthafen für das richtige Marina-Ambiente sorgen. Massive Einsprüche von Seiten des Umwelt- und Gewässerschutzes brachten das Projekt zu Fall.

Eine Vision, die nach massiven Protesten nicht verwirklicht wurde: Swiss Marina im schweizerischen Rorschach.

• Für eine jahrelange, intensive Auseinandersetzung sorgte der 1998 verkündete Plan, zwischen Friedrichshafen und Konstanz eine schnelle Personenfährverbindung mit Katamaranen einzurichten. Segler und Fischereiverbände sahen eine erhebliche Kollisionsgefahr zwischen langsamen Booten und schnellen Fähren, die Fischer hatten zudem Angst um ihre Netze. Und die Naturschützer sorgten sich um die Wasservögel, die vor allem im Winterhalbjahr zu Tausenden die Konstanzer Bucht bevölkern. Am Ende stand ein Kompromiss: Seit 2005

dürfen die Fähren verkehren, sie müssen aber sowohl hinsichtlich der Fahrstrecke als auch der Fahrgeschwindigkeit vor allem in der Konstanzer Bucht in Ufernähe strenge Auflagen einhalten.

• Seit Jahren schwelt ein Streit zwischen Fischern und Vogelschützern über den Umgang mit dem Kormoran. Dieser Fische fressende Wasservogel hat sich dank strenger Schutzmaßnahmen kräftig vermehrt, was die Vogelschützer mit Freude und die Fischer mit Skepsis sehen. Auch im Artenschutz sorgt der Kormoran für einen Konflikt: Zum einen ist dieser Vogel nach wie vor als gefährdete Art eingestuft, zum anderen kann er bei seinen Beutezügen bedrohte Fischarten gefährden. Dies gilt am Bodensee insbesondere für die Äschen, die während des Ablaichens in flachen Gewässern etwa im Auslaufbereich des Sees zu einer bevorzugten Beute des Kormorans werden. Eine Lösung des Konflikts ist schwierig. Bisher wird versucht, die Vermehrung des Kormorans durch verschiedene Vergrämungsmaßnahmen – dazu zählt beispielsweise die Störung der Altvögel auch während der Brut – zu bremsen.

Diese wenigen Beispiele sollen zeigen, dass es am Bodensee nach wie vor ein breites Konfliktpotenzial gibt. Bei der Lösung stand in den letzten Jahrzehnten allerdings das erklärte Bestreben im Vordergrund, den See und seine Funktionsfähigkeit zu erhalten. Es steht zu hoffen, dass dies auch in Zukunft der wichtigste Leitgedanke bleiben wird.

Für den Ernstfall gewappnet: die Schadensabwehr

Unfälle mit wassergefährdenden Substanzen

Ein Samstag im Oktober, kurz vor sechs Uhr früh: rund einen Kilometer vor der Hafeneinfahrt von Romanshorn im Kanton Thurgau stößt eine Fähre mit einem kleinen Fahrgastschiff zusammen, das kurze Zeit später sinkt. Auf der Fähre bricht ein Brand aus, auf der Wasseroberfläche bildet sich ein riesiger Ölteppich, der auf das nahe gelegene Naturschutzgebiet Luxburg zutreibt. Glücklicherweise ist dieses Katastrophen-Szenario nur erfunden – dass es durchaus realistisch ist, zeigt der Untergang des Raddampfers »Jura« im Jahr 1864 (siehe S. 27). Im Jahr 2003 diente das Szenario allerdings als Grundlage für die international angelegte Ölwehrübung »Glockenschlag«. Etwa alle zehn Jahre erproben die Einsatzkräfte rund um den Bodensee im Rahmen einer solch großen Übung ihre Zusammenarbeit bei einem Unfall mit wassergefährdenden Stoffen – und demonstrieren dabei auch ihre Schlagkraft. Dies ist auch erforderlich: Zum einen kann es auf dem See selbst zu einem Unfall mit auslaufendem Treibstoff kommen. Zum anderen werden im Einzugsgebiet des Sees jährlich mehr als drei Millionen Tonnen große Mengen solcher Stoffe auf der Straße oder mit der Bahn transportiert.
Große Unfälle sind zwar selten, sie können aber durchaus vorkommen, wie das oben erwähnte Beispiel der »Jura«

zeigt. Und vor nicht allzu langer Zeit – am 19. September 1988 – brach in der Nähe des Bahnhofs Au im Kanton St. Gallen an einem Zug mit 18 Tankwaggons ein Rad, worauf der Zug entgleiste. Acht der mit je 80.000 Litern Kerosin beladenen Waggons schlugen leck oder gerieten in Brand. Insgesamt liefen 350.000 Liter Kerosin aus, von denen schätzungsweise 115.000 Liter verbrannten. Der Rest versickerte im Boden oder lief in die Kanalisation, wo er teilweise mühsam mit Ölsperren und besonderen Reinigungsverfahren abgefangen werden konnte. Auch der Zusammenstoß eines Frachtflugzeugs mit einer baschkirischen Passagiermaschine hoch über Überlingen im Jahr 2002 kostete nicht nur viele Menschen das Leben, er zeigte zudem eindrücklich die Gefahren auf, die sich bei einem solchen Unfall für den See ergeben können.
Doch zurück zu dem im Rahmen der Großübung »Glockenschlag« simulierten Unfall vor Romanshorn. Nachdem internationaler Ölalarm ausgelöst wurde, eilten rund 250 Einsatzkräfte zu Hilfe, die sich aus sämtlichen Stützpunkt-Feuerwehren rund um den See rekrutierten. Das besondere Augenmerk galt dabei dem Schutz der Uferzone und hier vor allem dem nahe gelegenen Naturschutzgebiet Luxburg sowie einer Trinkwasserentnahmestation. 13 Motorboote, zwei große Feuerlöschboote, zwei selbstfahrende Ölaufnahmegeräte sowie Einsatzleitfahrzeuge und Transporter waren im Einsatz und legten Schwimm-

Treibholz, das nach Hoch-
wasserereignissen in den See
geschwemmt wird, gefährdet
die Schifffahrt massiv.

2005 die neue Rekordmenge von 40.000
bis 45.000 Kubikmeter Treibholz in den
See. Selbst in den Sedimentfallen, welche
die Seenforscher am Seegrund in mehr
als 100 Metern Tiefe in der Nähe von
Lindau verankert hatten, fand sich
damals die abgebrochene Spitze einer
Kiefer.

Auch die Zusammensetzung des Treib-
holzes war bei diesem Hochwasser
anders. Üblicherweise kommt vor allem
altes, morsches Holz über den Alpenrhein in den See und wird durch die
vorherrschenden Westwinde am Nordufer zwischen Lindau und Friedrichshafen abgelagert. Im August 2005 wurde
dagegen durch die enormen Niederschläge im Vorarlberger Raum viel
frisches Holz ausgerissen und mit den
Zuflüssen Bregenzer Ach, Leiblach und
Dornbirner Ach in den See transportiert.
Dazu gelangte viel Holz aus holzverar-
beitenden Betrieben und Müll sowie
Schwemmgut aus Siedlungsbereichen in
den See.

In einem so intensiv genutzten Gewässer
wie dem Bodensee kann das Treibholz
nicht so lange im Wasser verbleiben,
bis es schwer genug geworden ist, um
von selbst abzusinken. Dazu sind die
Gefahren für die Schifffahrt und die
Behinderungen am Ufer zu groß –
manchmal sind ganze Bootshäfen voll
Holz. Und für die Fischer bedeutet
Treibholz nicht nur mehr Arbeit, wenn
es aus den Netzen entfernt werden muss,
sondern oft genug auch wirtschaftlichen Schaden, wenn dabei die Netze
zerreißen.

sperren im Bereich der Unfallstelle
sowie entlang des Ufers. Wie immer trug
auch diese Übung dazu bei, neue Erkenntnisse für eine noch bessere Zusammenarbeit bei der Schadensabwehr zu
sammeln.

Treibholz

Am Bodensee sind besonders die Bayern
mit einer ganz besonderen Form von
Holz gesegnet – oder besser gesagt
gestraft. Die Beseitigung von Treibholz
ist nämlich vor allem ihre Aufgabe. Und
aus dem Wasser geholt werden müssen
die nach jedem Hochwasser in den See
geschwemmten Äste, Stämme und
Wurzelstöcke nun einmal, weil sie
insbesondere am bayerischen, aber auch
am baden-württembergischen und
vorarlbergischen Seeufer eine Gefahr
sowohl für die Schifffahrt als auch für
das Ufer darstellen. Üblicherweise
müssen pro Jahr etwa 12.000 Kubikmeter
Treibholz eingesammelt werden. Doch es
können auch schnell mehr werden: So
schwemmte das Hochwasser im August

So muss das Treibholz aus dem See entfernt werden, was zum Beispiel zu den Aufgaben der Seemeisterstelle Lindau gehört. Ein besonders dafür ausgerüstetes Schiff ermöglicht das Einsammeln der Stämme, die in große Container kommen und dann mit dem schiffseigenen Ladekran von Bord gehievt werden. Damit der Kran dabei seine volle Kapazität ausschöpfen kann, kann das Boot mit Hilfe hydraulischer Stelzen am Ufer abgestützt werden. Das in der Regel ziemlich morsche Altholz wird dann zu einem großen Teil in Heizanlagen verbrannt.

Information: der Grundstein für eine erfolgreiche Schadensabwehr

Wenn es am Bodensee zu einem Ölunfall oder einem anderen schlimmen Ereignis kommt, dann sind die Feuer- und Ölwehren gefragt. Die Informationen, was dann konkret zu tun ist, stehen inzwischen digital auf einer DVD zur Verfügung. Die auf dem Geoinformationssystem GIS basierenden digitalen Einsatzkarten sind auch für die Wasserschutzpolizei sowie Behörden rund um den See wichtig.

Auf den digitalen Einsatzkarten sind alle relevanten Informationen verzeichnet, also beispielsweise Naturschutz- und Hafengebiete, Seezeichen, Siedlungsflächen, Gemeindegrenzen und vieles mehr. Sie können per Mausklick über Luftbilder oder topografische Karten gelegt werden und erlauben so einen schnellen Überblick über die aktuelle Lage. Auch die Fahrtzeiten der Ölabwehrschiffe von den Basisstationen zum Einsatzort können eingeblendet werden. Und natürlich kann man zudem mit Hilfe des Programms und der GIS-Daten die genauen Entfernungen vom Einsatzschiff zum Ufer oder zur Unfallstelle am Bildschirm ausmessen.

Sollte sich trotz aller Sicherheitsmaßnahmen vor Ort Öl im Wasser ausbreiten, dann stellt sich vor allem die Frage, welche Wasserwerke rund um den Bodensee besonders betroffen sind und wie viel Vorlaufzeit verbleibt, um dort wirkungsvolle Abwehrmaßnahmen zu treffen. Um solche Störfälle oder Extremereignisse optimal beherrschen zu können, steht mit dem Informationssystem Bodensee-Online ein weiteres Instrument zur Vorsorge und zur Bekämpfung von Störfällen zur Verfügung. Entwickelt wurde es im Rahmen eines großen Forschungsprojekts, an dem die Stuttgarter Ingenieurgesellschaft Kobus und Partner, die Universitäten Stuttgart und Konstanz ebenso beteiligt waren wie die Arbeitsgemeinschaft der Wasserwerke Bodensee/Rhein und das Institut für Seenforschung. Das Kernstück sind die täglich aktualisierten Kurzfristprognosen für den See: Auf der Grundlage jahrzehntelanger Erfahrungen und Messungen sowie der aktuellen Wetterprognosen des Deutschen Wetterdienstes wird eine Vorhersage über den dynamischen Seezustand und die Strömungsverhältnisse für die nächsten drei Tage erstellt. Die seeweiten Daten und Berechnungen von Bodensee-Online stehen nicht nur Wasserwerken, Behörden und der Wasserschutzpolizei zur Verfügung, sondern auch der Schifffahrt, Seglern, Touristen und allgemein interessierten Bürgern.

Forschung am See

Ohne Forschung kein wirkungsvoller Schutz

Welche Gefahren drohen dem Bodensee? Wie kann man ihnen am besten begegnen? Und überhaupt: Wie funktioniert das Ökosystem Bodensee? Fragen über Fragen, mit denen sich Seenforscher befassen – und deren Antworten die unentbehrliche Grundlage für die Entscheidungen sind, die Politiker zum Schutz des Sees zu treffen haben.

Seit den 20er Jahren des 20. Jahrhunderts hat sich am Bodensee eine intensive Forschung entwickelt. Von Anfang an hatten die Wissenschaftler dabei das Ziel vor Augen, die ökologischen Zusammenhänge im See und die Verzahnung von Umland und See zu verstehen. Genauso wichtig war es stets aber auch, Konzepte für eine umweltverträgliche und nachhaltige Nutzung des Sees zu entwickeln. Dabei standen zunächst fischereiwirtschaftliche Interessen im Vordergrund. Doch in der zweiten Hälfte des vergangenen Jahrhunderts rückte dann die Reinhaltung des Sees in den Vordergrund: Nur ein sauberer See, so die Erkenntnis von Wissenschaftlern und Politikern, kann ökologisch intakt bleiben, gesundes Trinkwasser liefern und seine Anziehungskraft für Bewohner und Touristen behalten.

Leisten kann dies nur ein ganzheitlicher Gewässerschutz. Aber wie soll der aussehen? Die richtigen Handlungsempfehlungen kann die Wissenschaft liefern. Dabei kann sie einerseits auf einem über Jahrzehnte hinweg erworbenen Erfahrungsschatz aufbauen; andererseits muss sie neue Zusammenhänge gezielt mit dem ihr zur Verfügung stehenden Instrumentarium erforschen. Das größte Verdienst der Bodenseeforscher ist zweifellos, die insbesondere nach dem Zweiten Weltkrieg drohende Gefahr der übermäßigen Anreicherung des Sees mit Nährstoffen, die Eutrophierung, rechtzeitig erkannt zu haben. Und dass sie anschließend die Politik hartnäckig mahnten, dieser Bedrohung entgegenzutreten, wobei die Wasserbauer hier den Weg vorgaben: zuerst den Bau von Kanalisation und Kläranlagen, dann die Erhöhung der Reinigungsleistung der Anlagen.

Doch bald folgten weitere Herausforderungen für den Gewässerschutz. Beispiele sind die Folgen des zunehmenden

Linke Seite: Auch Seenforscher genießen bei ihren Ausfahrten die Schönheit des Bodensees.

Bootsverkehrs und die Verunreinigungen des Sees durch die Abgase der Motoren, die Auswirkungen von Mauern und anderen Verbauungen auf den Lebensraum Ufer- und Flachwasserzone, die Einwanderung neuer Tierarten in den Bodensee sowie die Entwicklungen im Zuge der Klimaerwärmung. Auch auf diesen Gebieten sind fundierte Empfehlungen an die Politik unerlässlich, um Gefahren abwenden und Missstände beseitigen zu können.

Ein ganz wichtiger Teilbereich der wissenschaftlichen Forschungsarbeit am Bodensee sind Langzeitstudien, die sich aus der regelmäßigen Beprobung des Sees ergeben. Diese routinemäßige Überwachungsarbeit mag auf den ersten Blick langweilig und wissenschaftlich wenig interessant erscheinen. Über Jahre hinweg kann sie indes wichtige Trends aufzeigen, die sich nur durch die sorgfältige Analyse solcher Langzeitmessungen erkennen lassen.

Prädestiniert für solche Arbeiten ist am Bodensee das in Langenargen ansässige Institut für Seenforschung. Die Institutsmitarbeiter fahren daher im Auftrag der Internationalen Gewässerschutzkommission für den Bodensee in regelmäßigen Abständen feste Messpunkte im See an. Dort werden zum einen die physikalisch-chemischen Kenngrößen wie Temperatur, Sauerstoff, Leitfähigkeit, pH-Wert sowie die Gehalte an Phosphor, Stickstoff, Chlorophyll und anderen wichtigen Stoffen und Verbindungen gemessen. Zum anderen werden das Phyto- und Zooplankton sowie die

Bakterien untersucht. Darüber hinaus finden auch in den Zuflüssen regelmäßige Messungen statt, um vor allem die in den See fließenden Nährstofffrachten ermitteln zu können.

Auch die Trinkwasserversorger spielen bei der Überwachung des Bodensees eine wichtige Rolle. Hier sind insbesondere die Arbeitsgemeinschaft der Wasserwerke Bodensee-Rhein (ABWR), das Technologiezentrum Wasser (TZW) sowie die Betriebs- und Forschungslabors der Bodensee-Wasserversorgung und der Stadtwerke St. Gallen und Lindau zu nennen. Sie betreiben nicht nur Monitoringprogramme, sondern befassen sich im Rahmen von Forschungsprojekten regelmäßig mit Fragen der Seereinhaltung und der Trinkwassersicherheit.

Die Geschichte der Bodenseeforschung

Die ferngesteuerte Videokamera gleitet tiefer und tiefer. Es ist die Jungfernfahrt des Mini-U-Boots, bei der alle Systeme getestet werden: 1990 sitzen Firmentechniker und Wissenschaftler des Langenargener Instituts für Seenforschung zum ersten Mal vor den Bildschirmen im Innern des Begleitschiffes und verfolgen das Geschehen weit unter ihnen im Bodensee. In 252 Metern Tiefe taucht plötzlich ein Barsch vor der Linse auf. Regungslos »sitzt« er auf dem Seeboden. Ist er tot? Mitnichten: Als ihm das Mini-U-Boot mit der Kamera zu nahe auf die Schuppen rückt, macht er einen Schlag mit der Schwanzflosse – und weg

ist er. Die Experten freuen sich, schließlich hatte vorher noch niemand einen Barsch »live« am Grunde des Schwäbischen Meeres gesehen. Nun konnten sie gleich bei der ersten Erprobung des neuen Geräts ein »Beweisfoto« liefern, dass Barsche tatsächlich bis in diese Tiefe vordringen (siehe S. 98).

Zahlreiche Forschungseinsätze sind dieser Testfahrt gefolgt, viele Erkenntnisse haben die Wissenschaftler seither mit ihrem »Searover« gesammelt – über unterirdische Wasserkanäle im Bodensee etwa oder über das Verhalten von Fischen. Doch die ferngesteuerte Unterwasserkamera ist nur ein Beispiel für die umfangreiche und aufwendige Forschung, die heute am größten deutschen See betrieben wird. Und sie ist ein Beispiel für die hohe Technisierung: Ohne elektronische Tiefen-Messsonden, ohne komplizierte, vollautomatische Analysegeräte, ohne Elektronenmikroskope

kommt die moderne Forschung nicht mehr aus. Wie bescheiden nimmt sich im Vergleich zur heutigen High-Tech-Ausrüstung dagegen die wissenschaftliche Erstausstattung bei der Gründung des Instituts aus: ein Lichtbildapparat, ein Tiefenthermometer, eine Haspel mit Zählwerk für die Erforschung der tiefen Seeteile, ein Schlammlot, eine Schöpfflasche.

Das war 1920 – ein für die Bodenseeforschung sehr bedeutungsvolles Jahr. In Konstanz, so verkündete die »Allgemeine Fischereizeitung« in Heft Nummer 1 dieses Jahrgangs, sollte um Ostern eine »Anstalt für die Erforschung der Biologie des Bodensees« die Arbeit aufnehmen. Und auch auf der anderen Seeseite – in Langenargen – wurde am 16. September 1920 ein seen- und fischereiwissenschaftliches Institut in einer ehemaligen Seidenspinnerei eröffnet. Getragen wurde es vom »Verein für Seenforschung

Die ferngesteuerte Unterwasserkamera Searover wird zu Wasser gelassen.

und Seenbewirtschaftung«, der bereits ein Jahr zuvor gegründet worden war. Die wissenschaftliche Aufgabe war die Erforschung des Sees, das wirtschaftliche Ziel die Förderung der Fischerei. Geleitet wurde das neue Institut, aus dem das heutige Institut für Seenforschung hervorgegangen ist, damals noch von München aus, von Professor Reinhard Demoll. Er war zu diesem Zeitpunkt Vorstand der bayerischen biologischen Versuchsanstalt für Fischerei und Abwasserreinigung in München und zugleich Leiter der teichwirtschaftlichen Versuchsstation in Wielenbach am Starnberger See. Erster Chef der »Anstalt für Bodenseeforschung der Stadt Konstanz« war Professor Max Auerbach, der im Frühjahr 1919 mit biologischen und hydrografischen Untersuchungen am Bodensee begonnen hatte und dem auch der größte Teil der Ausrüstung »seines« neuen Instituts persönlich gehörte. Aus diesen Anfängen – die im Übrigen auf Forschungsarbeiten aufbauten, die in das letzte Drittel des 19. Jahrhunderts zurückreichten – hat sich bis heute eine intensive Seenforschungskultur ent-

wickelt. Auch wenn die »Anstalt für Bodenseeforschung der Stadt Konstanz« im Jahr 1970 dem damaligen »Eugen-Kauffmann-Institut für Seeforschung und Seenbewirtschaftung« in Langenargen angegliedert wurde, so ist doch Konstanz mit seiner Universität auch heute noch ein wichtiges Lehr- und Forschungszentrum für die Limnologie, die Wissenschaft von den Süßgewässern. Das Seenforschungsinstitut in Langenargen, das Limnologische Institut der Universität Konstanz und das Betriebs- und Forschungslabor der Bodensee-Wasserversorgung sind sicherlich drei wichtige Zentren für die wissenschaftliche »Betreuung« des Bodensees. Sie sind auch dementsprechend gut für diese Aufgabe ausgestattet. So bieten insbesondere das im Jahr 2000 bezogene neue Gebäude am Yachthafen in Langenargen sowie das 2003 in Dienst gestellte Forschungsschiff dem Seenforschungsinstitut eine hervorragende Basis für Forschungsarbeiten, Messfahrten und Beprobungen. Diese Kapazitäten nutzen im Rahmen von Kooperationsprojekten auch Wissenschaftler aus anderen Institutionen für spezielle Forschungsvorhaben, so etwa von Instituten der Universitäten Stuttgart, Hohenheim, Karlsruhe, Göttingen und Braunschweig.

Darüber hinaus befassen sich noch eine Reihe anderer Institutionen mit der Erforschung und dem Wohl des Sees: zum Beispiel in der Schweiz das international renommierte ETH-Wasserforschungsinstitut EAWAG in Dübendorf, das sich regelmäßig auch mit Fragestellungen befasst, die unmittelbar den Bodensee betreffen. Weiterhin initiieren und koordinieren auch die zuständigen Behörden immer wieder Forschungsarbeiten, so beispielsweise die baden-württembergische Fischereiforschungsstelle, das für das bayerische Bodenseeufer zuständige Wasserwirtschaftsamt Kempten, das in Bregenz ansässige Institut für Umwelt und Lebensmittelsicherheit des Landes Vorarlberg sowie die für Umwelt zuständigen Ämter in den beiden schweizerischen Kantonen St. Gallen und Thurgau.

Die »Kormoran«, ein modernes Forschungsschiff

Für das Institut für Seenforschung ist die 2003 in Dienst gestellte »Kormoran« eine wichtige Voraussetzung, die ihm übertragenen Forschungs- und Überwachungsaufgaben erfüllen zu können. Das speziell für die Bedürfnisse des Seenforschungsinstituts konzipierte und gebaute Schiff erlaubt beispielsweise das Arbeiten sogar noch bei Windstärke acht und entsprechend hohem Wellengang. Gerade bei Sturm finden interessante Vorgänge am und im See statt. Dabei können dank der Steuerungseinrichtungen auch bei starkem Wind und kräftiger Strömung ortsfest über längere Zeiträume Messungen durchgeführt werden. Erweitert werden die vielfältigen Einsatzmöglichkeiten der »Kormoran« durch ein autarkes Beiboot, das mit Hilfe seines kräftigen Jetantriebs recht flott unterwegs sein kann.

Die »Kormoran«, das Flaggschiff des Instituts für Seenforschung.

Die Daten des Forschungsschiffs:
- Länge: 22,4 Meter
- Breite: 5 Meter
- Tiefgang: 1,2 Meter
- Gewicht: ca. 75 Tonnen, Zuladung 15 Tonnen
- Höchstgeschwindigkeit: 20 Kilometer pro Stunde
- Kosten im Jahr 2003: 2,4 Millionen Euro
- An Bord können maximal 25 Personen aufgenommen werden.
- Zusätzliches Messboot: 5 Meter lang, 2,2 Meter breit, 40 Kilometer pro Stunde schnell mit einem 150 PS starken Jetantrieb.

Die Zukunft des Sees

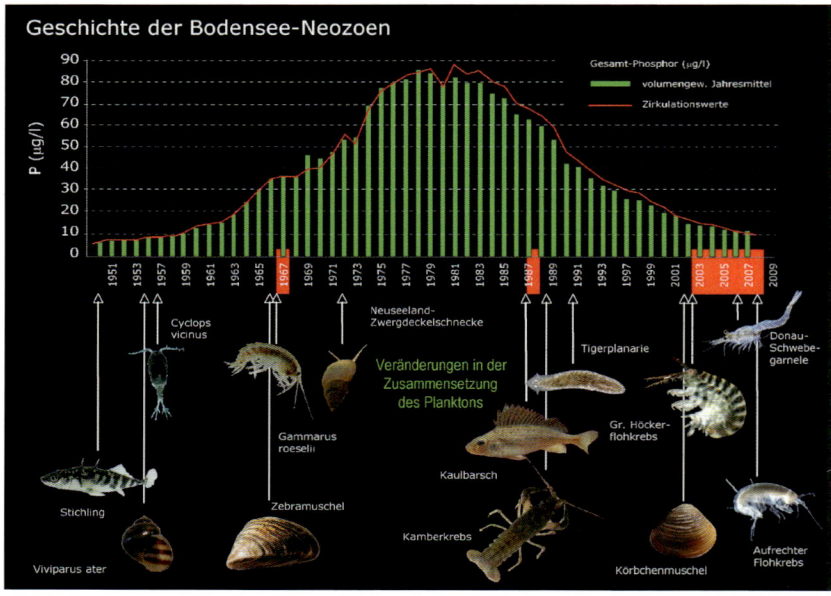

Die Geschichte der Neozoen im Bodensee seit 1950.

Auf Eroberungskurs: neue Arten im See

Waschbären, Gelbstirnamazonen, Schmuckschildkröten – exotische Tierarten aus aller Welt erobern Mitteleuropa in einer beeindruckenden Fülle und Geschwindigkeit. Neuankömmlinge, von den Biologen Neozoen genannt, gibt es natürlich nicht nur an Land, sondern auch unter der Wasseroberfläche – und sie machen selbstredend auch vor dem Bodensee nicht Halt.

Das wohl berühmteste Beispiel ist die Invasion der Dreikantmuschel Dreissena polymorpha, die um 1965 den See eroberte. Seither sind zahlreiche weitere neue Arten eingewandert, allein vier seit der Jahrtausendwende.

Nun ist zunächst einmal nichts gegen solche Neozoen einzuwenden. Schließlich hat es Invasionen aller Art schon immer gegeben, dies gehört sozusagen zum natürlichen Lauf der Dinge. Wie umgekehrt alteingesessene Arten in einer Region auch aussterben können, wenn sich die Lebensbedingungen für sie verschlechtern. Im großen Stil war dies in Mitteleuropa zu Beginn der letzten Eiszeit der Fall, als viele Tier- und Pflanzenarten wegen der Alpen oder anderer Gebirge nicht nach Süden ausweichen konnten und daher im Zuge der kälter werdenden Temperaturen dauerhaft verschwanden. Nun erobern manche von ihnen sozusagen ihr ehemaliges Stammland wieder wie beispielsweise die Grobgerippte Körbchenmuschel Corbicula fluminea.

Das kann still und heimlich und ohne große Probleme ablaufen. Doch mit Risiken und teils gravierenden ökologischen Nebenwirkungen muss bei solchen Neuankömmlingen stets gerechnet werden. Einige von ihnen zeigen nämlich beachtliche invasive Ausbreitungstendenzen, so etwa die Wandermuschel Dreissena oder in jüngster Zeit die Körbchenmuschel Corbicula. Bis zu 3 Zentimeter wird diese unscheinbar gelb bis braun gefärbte Muschel groß, ihren Namen hat sie von den ausgeprägten Rippen auf den Schalenhälften. Seit ihrer ersten Entdeckung im Jahr 2003 am Rohrspitz im Naturschutzgebiet Rheindelta hat sie sich massenhaft, ja zeitweise sogar geradezu explosionsartig vermehrt. Allerdings hat ihr der vergleichsweise kalte Winter 2005/2006 und der damals herrschende extrem niedrige Wasserstand schwer zu schaffen gemacht. Nur etwa 1 Prozent der Körbchenmuschel-Population überlebte diesen Winter. Doch selbst ein solch massiver Rückschlag konnte die Ausbreitung dieser Art nicht dauerhaft bremsen: Die Besiedelung des gesamten Sees ist nicht mehr aufzuhalten.

Ähnlich erfolgreich hat sich auch der Große Höckerflohkrebs (Dikerogamma-

rus villosus) nach seiner Ankunft im Jahr 2002 innerhalb von nur fünf Jahren praktisch im gesamten Bodensee breit gemacht. Und die 2006 entdeckte Donau-Schwebegarnele (Limnomysis benedeni) bildete bereits ein Jahr nach ihrer Ankunft riesige Schwärme im Wasser. Die Ausbreitung des im Jahr 2007 entdeckten Aufrechten Flohkrebses (Crangonyx pseudogracilis) wird derzeit mit Spannung verfolgt.

Wie sind nun solche massiven Invasionen zu bewerten? Es gibt Fälle mit eindeutig negativen Folgen für die heimische Fauna. So übertragen die aus Amerika eingeführten Krebsarten (Kamber-, Signal- und Roter Amerikanischer Sumpfkrebs) die sogenannte Krebspest. Diese Krankheit verläuft bei den einheimischen Krebsarten (Fluss-, Dohlen- und Steinkrebs) tödlich, während die eingewanderten Arten gut damit zurechtkommen. Die heimischen Krebse sind also durch die Neuankömmlinge eindeutig stark gefährdet.

Der erfolgreiche Siegeszug der Dreikantmuschel Dreissena wiederum geht klar zu Lasten der großen Teichmuschel Anodonta, die früher im Bodensee deutlich weiter verbreitet war als heute. Andererseits haben Wasservogelarten wie die Tafel- und Reiherente sowie das Blässhuhn unzweifelhaft von dem üppigen Nahrungsangebot profitiert, das ihnen die reichlich vorhandenen Dreikantmuscheln liefern (siehe S. 107). Ob die seit der Jahrtausendwende neu in den See gewanderten Arten die heimische Lebensgemeinschaft dauerhaft

Die Körbchenmuschel Corbicula kam im Jahr 2003 im Bodensee an.

schädigen oder sich zu ähnlich guten Nahrungsressourcen entwickeln wie die Dreikantmuschel, muss sich erst noch zeigen. Zumindest der Große Höckerflohkrebs macht den bereits im See etablierten Flohkrebsen das Leben ziemlich schwer: Er verdrängt sie nicht nur aus ihrem angestammten Lebensraum, sondern frisst sie kurzerhand auch auf.

Wenn solche Invasionen ohne Zutun des Menschen geschehen, dann kann man sie als naturgegeben hinnehmen. Problematisch sind solche Entwicklungen vor allem dann, wenn sie vom Menschen verursacht werden – und das ist heute beinahe zur Regel geworden. Manche Tiere werden ausgesetzt, um heimische Schädlinge biologisch zu bekämpfen oder um daraus wirtschaftlichen Nutzen zu ziehen. Viel öfter ist aber Gedankenlosigkeit oder falsch verstandene Tierliebe im Spiel, wenn Aquarianer ihre Wasserbehälter samt Inhalt direkt oder via Kanalisation in den See oder in ein Gewässer im Einzugsgebiet entsorgen. Gerade am Bodensee ist darüber hinaus die Gefahr der Einschleppung durch Freizeitboote besonders groß: Wenn diese schlecht oder gar nicht gereinigt und mit Wasserresten an Bord, etwa Bilgenwasser, von einem Gewässer zum anderen transportiert werden, dann können sie unbeabsichtigt blinde Passagiere mitnehmen. Auch an den Booten selbst lassen sich sogar nach mehreren Tagen auf dem Trockenen noch lebensfähige Muscheln finden. Flohkrebse können ebenfalls erstaunlich

lange im Kühlwasser von Motoren oder sogar im Wasserfilm der Muscheln überleben. Sogar mit nicht vollständig getrockneten Taucherausrüstungen können fremde Arten von einem Gewässer ins andere transportiert werden. Daher sind vor allem Wassersportler aufgerufen, sich die Gefahr einer Einschleppung von Neozoen bewusst zu machen und entsprechend verantwortungsvoll zu handeln. Als Konsequenz hat zum Beispiel die Internationale Wassersportgemeinschaft Bodensee für ihre Mitglieder ein Merkblatt ausgearbeitet, um der Ausbreitung solcher unerwünschter Passagiere durch sorgfältige Reinigung der Boote entgegenzuwirken.

Neozoen

Tiere mit Migrationshintergrund – so heißen die neu eingewanderten Tierarten mittlerweile biologisch-politisch korrekt. Wenn die Biologen von Neozoen (wörtlich neuen Tieren) reden, müssen für die Neuankömmlinge die folgenden Bedingungen erfüllt sein:

- Sie sind nach 1492 zu uns gekommen, also nach der Entdeckung der Neuen Welt durch Columbus.
- Sie sind durch direkte oder indirekte Mitverantwortung des Menschen in ein für sie neues Gebiet eingewandert.

Großer Höckerflohkrebs (Dikerogammarus villosus)

Der Große Höckerflohkrebs hat einen wahren Eroberungsfeldzug am Bodensee angetreten. Typisch sind die Höcker am Hinterende.

Entdeckt wurde der Große Höckerflohkrebs im Jahr 2003. Bei genaueren Nachforschungen stellte sich aber heraus, dass er bereits im Oktober 2002 am nördlichen Bodenseeufer bei Immenstaad an einer Probestelle vorhanden gewesen war. Bis zu 2 Zentimeter groß wird dieser Kleinkrebs, der seinen Namen von den charakteristischen höckerförmigen Fortsätzen am Hinterleib hat. Typisches Kennzeichen sind außerdem seine wespenartige Zeichnung und die stark behaarten Fühler.

Untersuchungen der Erbsubstanz DNA der Flohkrebse geben – ganz ähnlich wie bei Vaterschaftstests – Hinweise auf die Herkunft dieses Zuwanderers. Dabei gibt es Anzeichen dafür, dass die Einschleppung in den Bodensee mehrfach und in größeren Individuenzahlen erfolgt sein könnte. Denn der Höckerflohkrebs weist im Bodensee dieselbe genetische Variabilität auf wie in seinem Ursprungsgebiet, dem Donau- und Schwarzmeerraum. In den Bodensee könnte er mit »Wanderbooten« gelangt sein, in deren Wasserresten an Bord ein oder mehrere Krebschen von einem anderen See oder Fluss, in dem Dikerogammarus schon vorkam, überlebt hatten. Für die im See vorhandenen einheimischen Flohkrebsarten dürfte der Eroberungsfeldzug des Großen Höckerflohkrebses mit erheblichen Nachteilen verbunden sein. Schließlich ist dieser ziemlich fortpflanzungsfreudig: bis zu drei Generationen im Jahr sind möglich, und verglichen mit den einheimischen Flohkrebsen hat er auch weitaus mehr Nachkommen – bis zu 40 Eier pro Weibchen und Ablage. So hat der schon vor längerer Zeit in den Bodensee eingewanderte Flohkrebs Gammarus roeseli kaum eine Chance, mit den Besiedelungsdichten von Dikerogammarus mitzuhalten. Das kann nicht ohne Folgen bleiben: Dieser gefräßige Räuber verdrängt ihn und andere Tierarten, die am Seeboden unter Steinen ihren Lebensraum haben.

Hinzu kommt, dass der Große Höckerflohkrebs insgesamt ein viel breiteres Nahrungsspektrum als etwa Gammarus roeseli hat, der eher energiearme pflanzliche Nahrung aufnimmt. Vor allem ist der Höckerflohkrebs auch räuberisch unterwegs, wenig fluchtfähige Insektenlarven und andere Flohkrebse sind seine bevorzugte Beute. Somit sind Veränderungen im Nahrungsnetz des Bodensees zu erwarten. Die Fische haben sich offenkundig bereits auf die neue Beute eingestellt: Wie Nahrungsanalysen ergeben haben, ersetzt bei Flussbarschen und Trüschen der größere Höckerflohkrebs fast vollständig Gammarus roeseli als Nahrungsquelle. Ganz verdrängen wird Dikerogammarus villosus aber Gammarus roeseli wohl nicht. Letzterer scheint in Wasserpflanzen wie der Armleuchteralge Chara ganz gute Überlebenschancen zu haben. So könnten insbesondere dort, wo Wasserpflanzen auf hartem Untergrund wachsen, wohl auch in Zukunft beide Arten nebeneinander vorkommen. Und wenn im Winter die Wassertemperatur in Ufernähe unter 4 Grad fällt, ist Gammarus roeseli im Vorteil – der Höckerflohkrebs stellt bei so kaltem Wasser seine Aktivitäten offenbar weitgehend ein.

Forschungsprojekt Anebo

Mit dem umfangreichen Forschungsprojekt
Anebo (Aquatische Neozoen im Bodensee und
seinem Einzugsgebiet) wurden in den Jahren
2005 bis 2007 die Invasion von Neozoen im
Bodensee und die Folgen für die heimische
Fauna untersucht. Besonders interessant war,
dass während der Laufzeit des Projekts mit der
Schwebgarnele und dem Aufrechten Flohkrebs
zwei weitere neue Arten im See auftraten,
deren Ausbreitung und Einnischung von Beginn
an intensiv erforscht werden konnte.

Der Klimawandel:
es wird wärmer

Es wird wärmer in Mitteleuropa und
damit auch im Bodenseeraum, daran
besteht kein Zweifel mehr. Das lässt sich
auch messen: So ist es beispielsweise in
Baden-Württemberg seit 1950 stellenweise um bis zu 1,5 Grad wärmer geworden. Bei allen regionalen Unsicherheiten
ist der Weg deutlich vorgezeichnet: Im
Zuge der Klimaerwärmung erwarten die
Experten eine Ausbreitung des Mittel-
meerklimas bis Mitteleuropa. Im Bodenseeraum wird die mittlere Temperatur
den Prognosen zufolge bis zum Jahr 2050
im Sommer bei etwa 15 Grad Celsius
liegen – also 1,4 Grad höher als die heutige Durchschnittstemperatur. Noch
deutlicher macht sich die Klimaerwärmung im Winter bemerkbar. Die pro-
gnostizierten 4,5 Grad liegen um zwei
Grad höher als heute. Am Bodensee
könnte es im Dezember zwischen 1,8 und
2,7 Grad wärmer sein als heute. Vor

allem aber wird die Zahl der Sommer-
tage mit Temperaturen über 25 Grad
zunehmen: in Überlingen von durch-
schnittlich 32 auf 54 Tage. Und im
Winter wird die Zahl der Frosttage um
die Hälfte geringer sein als heute.
Auch das Niederschlagsregime ändert
sich. Die Klimamodelle weisen auf 5
bis 10 Prozent mehr Niederschläge im
Winter hin und auf 20 bis 30 Prozent
weniger im Sommer. Zudem sollen
extreme Wetterereignisse häufiger
werden – also mehr Stürme, Hochwasserereignisse, Dürreperioden. Hitzestress
und Trockenperioden im Sommer
nehmen also ebenso zu wie die Hochwassergefahr im Winter.
Im ohnehin wärmebegünstigten Bodenseeraum wird es wohl noch ein bisschen
wärmer werden als in anderen Regionen
Mitteleuropas. Hinzu kommt, dass auch
das jahreszeitlich veränderte und zudem
verstärkte Abschmelzen von Schnee und
Gletschern im Alpenraum nicht ohne
Folgen für den Bodensee bleiben wird.
Schon heute sind die klimabedingten
Veränderungen nicht mehr zu über-
sehen, wobei das gesamte Ökosystem
Bodensee mit den dort lebenden Tieren
und Pflanzen betroffen ist. So verändert
sich die Schichtung im Wasserkörper
ebenso wie beispielsweise das Fortpflan-
zungsverhalten der Felchen: Diese laichen mittlerweile in vielen Jahren später
ab als in der Vergangenheit, weil sich der
See im Herbst langsamer abkühlt. Die
Erwärmung des Sees dürfte auch eine
wichtige Voraussetzung für die Einwanderung neuer Tier- und Pflanzenarten

sein, was für die angestammte Fauna und Flora tief greifende Veränderungen mit sich bringt.

Deutlich sind zudem die verstärkten Wasserstandsschwankungen am Bodensee zu spüren – was ebenfalls mit der Klimaerwärmung und den dadurch verursachten, häufigeren extremen Wetterlagen und Wetterereignissen (Hoch- und Niedrigwasser) zusammenhängt. Die Änderungen im typischen Jahresverlauf des Wasserstandes wirken sich auch auf die Ufer und die angrenzenden, meist unter Naturschutz stehenden Feuchtgebiete aus.

Rein klimamäßig gesehen ist durch die bereits bestehende Belastung der Atmosphäre mit Kohlendioxid und anderen treibhauswirksamen Gasen die Temperaturerhöhung im Laufe der nächsten 20, 30 Jahre bereits vorbestimmt. Daher

muss sich der Mensch Gedanken machen, wie er mit den Auswirkungen der Klimaerwärmung zurechtkommt. Hierzu sind auch am Bodensee Strategien zu entwickeln, wie sich diese Folgen abmildern lassen.

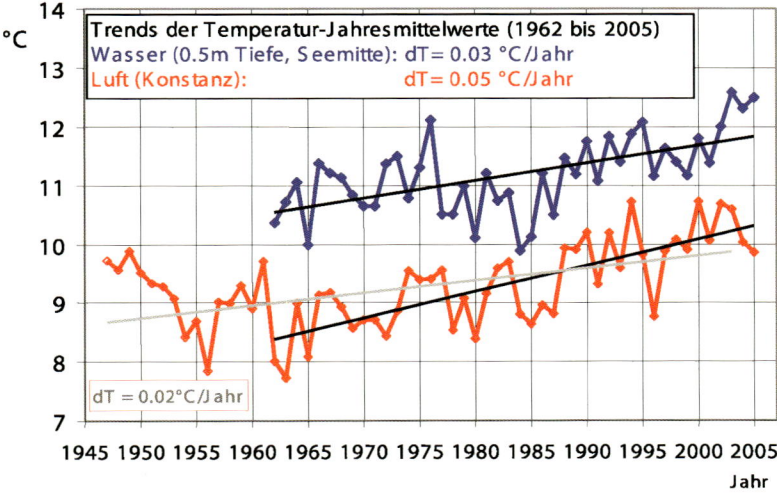

Oben: Die Entwicklung der Temperatur im oberflächennahen Wasser des Bodensees und der Luft über dem See.

Unten: Die Klimaerwärmung sorgt dafür, dass die Alpengletscher im Einzugsgebiet des Bodensees immer schneller schwinden.

Was passiert, wenn die Gletscher schmelzen?

Noch gibt es eine ganze Reihe von Gletschern im Einzugsgebiet des Bodensees. Der Paradiesgletscher am Rheinquellhorn im schweizerischen Kanton Graubünden am äußersten Ende des Einzugsgebiets ist wohl der prominenteste. Doch auch andere Eisfelder tragen im Sommer mit dazu bei, dass selbst nach der frühjährlichen Schneeschmelze vor allem über den Rhein weiterhin ordentlich Wasser in den See gelangt. Im Alpenraum wird – wie etwa auch im Nordpolgebiet – die Klimaerwärmung den Prognosen zufolge deutlicher zu spüren sein als in anderen Regionen der Welt. In den letzten Jahren und Jahrzehnten sind viele Alpengletscher in geradezu atemberaubender Geschwindigkeit abgeschmolzen. So ist es im Zuge der augenblicklich herrschenden Klimaerwärmung nur noch eine Frage der Zeit, bis auch der letzte Gletscher aus den Alpen verschwunden sein wird. Ob dies in 100 oder 80 Jahren der Fall sein wird, das kann derzeit niemand sagen, das hängt vor allem auch vom weiteren Verhalten der Menschheit ab. Doch bereits in 40 Jahren, so prophezeien es derzeit die Klimamodelle, dürften zwei Drittel der Alpengletscher verschwunden sein. Sicher ist allerdings schon heute, dass das Verschwinden der Gletscher vielfältige Auswirkungen haben wird. Eine signifikante Auswirkung für die Trinkwasserversorgung aus dem Bodensee besteht allerdings nicht, dazu ist dieses natürliche Wasserreservoir zu groß und die Entnahme zu gering. Doch auf das Ökosystem vor allem am Ufer könnte sich die deutlich verringerte Wasserzufuhr im Spätsommer schon auswirken: Dann nämlich könnten in dieser Zeit die Wasserstände niedriger und damit die Uferstreifen breiter werden. Für die dort lebenden Tiere und Pflanzen hätte dies konkrete Veränderungen in den Lebensgrundlagen zur Folge. Und auch für die touristische Nutzung des Sees wird dies wohl nicht ohne Konsequenzen bleiben.

Ungewisse Klimafolgen: was wird aus dem See?

Bereits seit einigen Jahren wirkt sich die Klimaerwärmung ganz offensichtlich auf die Schichtung beziehungsweise Durchmischung des Sees aus. Diese wiederum hängen unmittelbar von der sich im Jahresverlauf ändernden Wassertemperatur ab (siehe S. 52). Der Winter 2006/2007, der als bis dahin wärmster Winter seit Beginn der Wetteraufzeichnungen in die Annalen einging, führte dazu, dass sich der Bodensee nur unvollständig durchmischte. Zum einen konnte der See an der Oberfläche nicht ausreichend auskühlen. Hinzu kam, dass das Wasser in der Tiefe aufgrund des relativ kalten Frühjahrs 2006 noch ziemlich kühl war, also näher am größten Dichtepunkt von Wasser – nämlich 4 Grad Celsius (siehe S. 49) – lag als nach einem wärmeren Winter. Daher lag konnte auch kein frisches und sauerstoffreiches, aber wärmeres Wasser in die tieferen Zonen des Sees gelangen. Die verstärkte Auskühlung des Wasserkörpers während des relativ kalten Winters 2005/2006 erschwerte also anschließend die Durchmischung auch in den Folgejahren – ganz ähnlich, wie dies nach dem allerdings weitaus kälteren Winter 1962/1963 der Fall war, als der See zum letzten Mal vollständig zufror.

Insgesamt zeigen die Analysen, dass in der Vergangenheit die Erneuerung des Tiefenwassers vor allem durch den Grad der Auskühlung des Sees im Winter bestimmt war. Dabei führten vergleichsweise warme Winter meist zu einer unzureichenden Durchmischung – und im Zuge der Klimaerwärmung dürften die warmen Winterhalbjahre zunehmen. Hinzu kommt, dass sich der See immer öfter früher im Jahr erwärmen wird als in der Vergangenheit. Damit kann er dann auch eher eine thermische Schichtung aufbauen als in früheren Jahren. Der Zeitpunkt der Schichtung setzt im Frühjahr im Vergleich zu den 1960er Jahren mittlerweile etwa einen Monat früher ein. Das hat für die Anreicherung des Tiefenwassers mit Sauerstoff eher negative Folgen: Dem Wasser in den tieferen Seeregionen bleibt weniger Zeit, den lebensnotwendigen Sauerstoff zu tanken. Zum anderen bewirkt die frühere Schichtung und die schnellere Erwärmung der obersten Wasserschicht ein zeitigeres Wachstum des pflanzlichen Planktons. Damit aber steigen im Zuge der Photosynthese die Sauerstoffwerte in dieser Zone zu einem früheren Zeitpunkt an. Noch vor wenigen Jahren war die Gefahr groß, dass der Obersee nach einer unvollständigen Durchmischung und schlechten winterlichen Sauerstoffversorgung des Tiefenwassers in den nachfolgenden

Sommermonaten in seinen tiefen Wasserschichten durch Zehrungsvorgänge sauerstofflos zu werden drohte. Doch mittlerweile tragen die jahrzehntelangen intensiven Sanierungsbemühungen rund um den See Früchte: Die Sauerstoffversorgung ist selbst nach einem solch ungewöhnlich warmen Winter auch ohne ausreichende Erneuerung des Tiefenwassers so gut, dass keine Gefahr für den See besteht. Wenn nämlich die im See lebenden oft mikroskopisch kleinen Tiere und Pflanzen absterben und in der Tiefe von Mikroorganismen zersetzt werden, ist dazu Sauerstoff nötig. Weil der See inzwischen aber viel weniger Nährstoffe enthält als früher, gibt es auch weniger Biomasse, deren Abbau nun nur noch in geringem Maß Sauerstoff benötigt. Das Ökosystem See ist wieder stabil und kann künftige unvollständige Zirkulationsphasen mit reduzierter Tiefenwassererneuerung leichter verkraften als noch vor wenigen Jahren – allerdings auch nicht beliebig lange.

Das Forschungsprojekt Kliwa

Im Rahmen des langfristigen Forschungsprojekts »Kliwa« (Klimaveränderung und Wasserwirtschaft) werden seit 1998 die Folgen der Erderwärmung auch auf den Bodensee untersucht. Von besonderem Interesse sind dabei das Zirkulationsverhalten der Wasserschichten und die damit verbundenen Austauschvorgänge zwischen den verschiedenen »Stockwerken« im See. Da viele der Prozesse im Bodensee in erheblichem Maß von den Witterungsverhältnissen abhängen, sind Auswirkungen der sich abzeichnenden Klimaentwicklung auf den See programmiert.

Warmes Wohlfühlwasser: was wird aus den Seebewohnern?

Noch sind keine Flamingos am Bodensee heimisch. Aber die Klimaerwärmung hinterlässt auch bei der Tierwelt bereits ihre Spuren: Seit Sommer 2006 beginnt sich die Schwebegarnele Limnomysis benedeni im Bodensee breit zu machen. Sie stammt aus dem deutlich wärmeren Schwarzmeerraum – wie zahlreiche weitere Neozoen auch. Von noch weiter her kommt Corbicula fluminea, die Grobgerippte oder auch Asiatische Körbchenmuschel. Dass sie kältere Wassertemperaturen nicht mag, zeigte sich im kalten Winter 2005/2006: Damals kam es zu einem Massensterben, was aber sicherlich auch durch den historisch niedrigen Wasserstand mitbedingt war. Es lässt sich festhalten, dass diese Art von den wärmeren Wintern profitiert, die im Zuge der Klimaerwärmung nun häufiger auftreten.

Noch sind nur Neozonen aus oft südlicheren, aber insgesamt doch klimatisch gemäßigten Zonen in den Bodensee eingewandert. Wenn Tiere aus noch wärmeren Regionen kamen oder ausgesetzt wurden, konnten sie sich bisher zumindest nicht vermehren. Aber das könnte sich mit einer weiteren Erwärmung des Klimas ändern.

Andere Auswirkungen der in manchen Jahren deutlich erhöhten Wassertemperaturen lassen sich dagegen schon heute beobachten: So hat sich der wärmeliebende Karpfen im Hitzesommer 2003 außerordentlich erfolgreich fortgepflanzt – was sich auch in den nachfolgenden beiden Jahren in deutlich höheren Fangzahlen dokumentierte. Selbst die eigentlich kälteliebenden Felchen könnten von der Erwärmung profitieren: Die Fortpflanzung könnte durch höhere Temperaturen im Tiefenwasser vielleicht sogar gefördert werden.

Die Extreme häufen sich: niedrige Pegel, hohe Pegel

Die Insel Mainau war keine Insel mehr, die Pfahlbauten in Unteruhldingen standen auf dem Trockenen, die Fähren zwischen Friedrichshafen und Romanshorn sowie Meersburg und Konstanz konnten nicht mehr voll beladen werden, der legendäre Teufelstisch, eine Steinformation am Steilufer bei Wallhausen am Überlinger See (siehe S. 36), kam zum Vorschein: Dem See fehlte im Winter 2005/2006 viel Wasser. Den Grundstein für diesen Wassermangel hatte der extrem heiße und trockene Sommer 2003 gelegt. Auch das darauffolgende Jahr war ziemlich niederschlagsarm. Im Sommer 2005 lagen die Wasserstände bis in den August hinein zunächst rund 90 Zentimeter tiefer als sonst. Das änderte sich allerdings schlagartig, als ein sogenanntes Genua-Tief – auch Vb-Wetterlage genannt – den Alpenraum mit ungeahnten Wassermassen überschwemmte. Binnen kurzem stiegen die Pegel der Flüsse in atemberaubendem Tempo, am Bodensee-Obersee führte dies am 22. und 23. August 2005 zu einem neuen 24-Stunden-Rekordanstieg des Bodenseepegels: 55 Zentimeter (siehe S. 39).

Doch der Wasserstoß verebbte schnell, es folgte ein goldener Herbst mit äußerst wenig Regen. Dann kam der schneereiche Winter. Im Dezember blieb der Schnee liegen, sodass kaum Wasser in den See floss. Die Folgen am Jahresende 2005: Mit 2,46 Meter war der Pegel in Konstanz unter das bisher niedrigste Dezember-Monatsmittel gesunken, das im Jahr 1948 mit 2,51 Metern registriert worden war. Und weil der Schnee weiterhin liegen blieb, sackte der Konstanzer Pegel bis zum Februar 2006 auf nur noch 2,33 Meter. Dann ließen Regenfälle und später die Schneeschmelze den Wasserspiegel in den kommenden Wochen und Monaten wieder kontinuierlich ansteigen.

Auf der anderen Seite der Wasserstandsskala steht das Hochwasser an Pfingsten 1999. Es war zweifellos ein Jahrhundertereignis: Am 24. Mai 1999 erreichte der Bodensee mit 5,65 Meter Wasserstand am Pegel Konstanz den höchsten Wert seit 1890. Das Hochwasser bescherte den Anwohnern wochenlang nasse Füße. Erst ab Ende Juli 1999 hatte sich die Lage wieder weitgehend normalisiert. Verant-

wortlich für den Rekordwasserstand waren damals vor allem die anhaltenden lokalen Starkregenfälle im nördlichen Alpenvorland und im Allgäu, hinzu kam das Wasser aus der Schneeschmelze in den Alpen.

Nun kann man selbstverständlich sagen, dass es schon früher ähnlich extreme Ereignisse gegeben hat. So zeugen einerseits Wassermarken von einem hohen Wasserstand im Jahr 1817, andererseits hatte man 1858 in Konstanz den offen daliegenden Seegrund zum Festplatz umfunktioniert, der Pegel lag bei 2,26 Meter. Und auch 1725 und 1672 verzeichnete die Chronik ähnlich niedrige Wasserstände.

Pfingsten 1999: die Uferpromenade in Friedrichshafen steht unter Wasser.

bei manchen Wasservögeln wird der Bruterfolg gemindert, wenn sich das Wasser im Sommerhalbjahr stark zurückzieht und sie nicht wie gewohnt im Schilf Deckung suchen können. Am stärksten ist wohl die Schifffahrt betroffen: Die Fahrgäste müssen auf steilen Rampen die Kursschiffe besteigen und die Freizeitkapitäne können in flacheren Häfen ihre Liegeplätze nicht mehr benutzen.

Im Gegensatz dazu führt ein so starkes Hochwasser wie an Pfingsten 1999 zu deutlichen Verlusten beim Schilf. Damals waren allein am baden-württembergischen Ufer rund 30 Hektar Schilf abgestorben – etwa ein Viertel der damaligen Schilfbestände. Das Röhricht konnte sich erst im Laufe der folgenden Jahre wieder erholen. Insbesondere während der nach dem Jahrhundertsommer 2003 beobachteten sommerlichen Niedrigwasserstände ist das Schilf kräftig in Richtung See gewachsen. Auch im Frühjahr 1965 kamen die jungen Schilfpflanzen in starke Bedrängnis: Sie konnten nicht so schnell nachwachsen, wie damals der Seespiegel anstieg – und ertranken förmlich. Die Folgen waren starke Schäden und Verluste am Schilfgürtel. Selbst als 1999 das extreme Pfingsthochwasser weite Uferstrecken überschwemmte, waren noch nicht alle Schilfverluste aus dem Jahr 1965 ausgeglichen.

Doch die Klimaforscher sind überzeugt davon, dass die Klimaerwärmung eine Zunahme extrem niedriger Wasserstände, aber auch von Höchstständen infolge von Hochwasserereignissen mit sich bringt. Andererseits dürfte sich ein bereits seit einigen Jahren zu beobachtender Trend fortsetzen, wonach die Wasserstände am See im Sommer besonders deutlich fallen. Im Winter dagegen sind die Pegelstände bisher weitgehend gleich geblieben oder tendenziell sogar leicht gestiegen. Wobei es natürlich Ausnahmen gibt, wie der extrem niedrige Pegelstand im Winter 2005/2006 zeigt.

Wie wirken sich solch extreme Wasserstände nun auf das Ökosystem See aus? Eigentlich müssten sich die Folgen in Grenzen halten, schließlich ist der Bodensee von Natur aus an wechselnde Wasserstände angepasst. Bei Niedrigwasser haben es allerdings manche Fischarten schwer, an geeignete Laichplätze im Uferbereich zu kommen. Und auch

Das Genua-Tief und die Vb-Wetterlage

Wenn das berüchtigte Genua-Tief zuschlägt, dann kann es überall in Deutschland äußerst nass werden: Neben dem Pfingsthochwasser 1999 in Bayern und am Bodensee zeigen die Oderflut 1997 sowie 2002 das verheerende Hochwasser an der Elbe die gewaltige Wucht dieser Wetterlage. Eine solche Wettersituation kann zu jeder Jahreszeit auftreten und für gewaltige Überschwemmungen und im Winter für heftige Schneefälle sorgen.

Normalerweise ziehen Tiefdruckgebiete von Westen nach Osten über Mitteleuropa hinweg. Doch manchmal versperrt ihnen ein Kaltluftwall, der bis in große Höhen reicht, den Weg. Dann müssen die Regengebiete ausweichen, wobei eine beliebte »Umleitungsstrecke« über das Mittelmeer führt. Dort tanken sie insbesondere über dem Golf von Genua weiter ordentlich Feuchtigkeit, wobei sie bekanntlich umso mehr Wasser aufnehmen können, je wärmer die Luft ist. Beim Flug über die Alpen kühlen sie sich naturgemäß ab: Es regnet. Richtig heftig werden die Niederschläge dann, wenn die mit Wasserdampf vollgesogenen Wolken in der Höhe auf kalte Luft treffen. Das ist bei dieser Wetterlage typischerweise etwa in 7000 bis 8000 Metern der Fall. In der Höhe schieben sich die warmen Wolken über die kalte Luft und öffnen dabei sozusagen ihre Schleusen.

Wo das Genuatief seine Regenmassen ablädt, hängt von vielen Faktoren ab: Von der Schweiz im Westen bis zu den Karpaten und von den Alpenländern bis hinauf in den Norden etwa nach Sachsen ist alles möglich. Die Meteorologen hatten für diese Wetterlage früher einmal die Bezeichnung 5b kreiert – auch als Vb bekannt. Sie charakterisiert eine von vielen typischen Zugbahnen der von West nach Ost ziehenden Tiefdruckgebiete. Geblieben ist eigentlich nur die Vb-Wetterlage, die auf den Wetterkundler W. J. van Bebber zurückgeht, der im ausgehenden 19. Jahrhundert gewirkt hat.

Internationale Zusammenarbeit: die Ziele des Gewässerschutzes

Mit Beginn des neuen Jahrtausends brach auch in der Wasserwirtschaft ein neues Zeitalter an – genauer gesagt bei der Beurteilung der Gewässer: Die Wasserrahmenrichtlinie der Europäischen Gemeinschaft (EU-WRRL) trat in Kraft. Bis dahin waren Fließgewässer in Deutschland anhand von zwei Bewertungssystemen in ein Güteschema eingeordnet worden: dem sogenannten Saprobienindex, dem im Wesentlichen die Verfügbarkeit von Sauerstoff für all diejenigen Organismen zugrunde liegt, die am Gewässerboden leben; und zweitens mit Hilfe der Kartierung der Gewässerstrukturgüte, die vor allem Angaben darüber macht, wie stark ein Bach oder Fluss verbaut ist.

Die Europäische Union fordert nun einen deutlich weiter gehenden Bewertungsansatz, indem sie ihre Mitgliedstaaten in Paragraf 26 der am 22. Dezember 2000 in Kraft getretenen Wasserrahmenrichtlinie dazu verpflichtet,

»einen zumindest guten Zustand ihrer Gewässer« anzustreben. So eindeutig war dieses Ziel im Gewässerschutz früher nicht formuliert. Damit sich nun an einem Fließgewässer ein »guter« Zielzustand einstellt, muss dort eine für den entsprechenden Gewässertyp ganz spezifische Artenzusammensetzung bei insgesamt vier Organismengruppen erreicht werden. Dazu zählen erstens die Fische, zweitens die am Boden lebende Gewässertiere (das Makrozoobenthos), drittens die Wasserpflanzen und viertens die – meist nur mikroskopisch sichtbaren – Algen, das Plankton. Entsprechendes gilt für Stehgewässer, also auch für den Bodensee.

Die EU wäre kein guter Vertreter für europäische Interessen, wenn sie nicht mit einer für alle Mitgliedsstaaten gültigen Richtlinie zwingend die Betrachtung des gesamten – also gegebenenfalls auch grenzüberschreitenden – Einzugsgebietes eines Gewässers vorschreiben würde. Insbesondere für den Rhein sowie den von ihm durchflossenen Bodensee bedeutet dies, dass eine internationale Zusammenarbeit erforderlich war und ist, um einen für das gesamte Einzugsgebiet abgestimmten Bewirtschaftungsplan sowie ein daraus abgeleitetes Maßnahmenprogramm vorlegen zu können. Auch das wird von der EU-Wasserrahmenrichtlinie gefordert. Die in der Arbeitsgemeinschaft der Wasserwerke Bodensee-Rhein (AWBR) zusammengeschlossenen Wasserversorger gehen allerdings noch einen Schritt weiter: Sie fordern, den Belangen der

Trinkwasserversorgung Priorität vor allen anderen Nutzungen einzuräumen. Eine solch enge Zusammenarbeit hat am Bodensee seit Langem Tradition – weshalb diese Region geradezu als Modellfall dienen kann. Zum einen wurde hier auch in der Vergangenheit nicht nur der See selbst, sondern das gesamte Einzugsgebiet betrachtet, also auch der Zustand der Bodenseezuflüsse. Diese sind einerseits durch ihre Zuflussfrachten, andererseits auch durch ihr Selbstreinigungsvermögen und ihre biologische Vernetzung für den Bodensee von großer Bedeutung.

Von besonderem Interesse ist naturgemäß der Alpenrhein, der mit Abstand stärkste Zufluss zum See. Bereits 1892 wurde die österreichisch-schweizerische Kommission »Internationale Rheinregulierung« (IRR) gegründet. Weitere internationale Kommissionen folgten, wobei vor allem die 1959 entstandene Internationale Gewässerschutzkommission für den Bodensee (IGKB) eine wichtige Rolle bei der Reinhaltung des Sees spielte und immer noch spielt (siehe S. 13).

Der jüngste Spross der mittlerweile sechsköpfigen »Kommissionsfamilie« ist die 1995 gegründete Regierungskommission Alpenrhein (IRKA). In dieser sind die unmittelbaren Rhein-Anlieger Liechtenstein und Vorarlberg sowie die beiden Schweizer Kantone Graubünden und St. Gallen vertreten. Die IRKA befasst sich mit den Themen Hochwasserschutz, Gewässerökologie, Grundwasser und Energienutzung am Alpenrhein.

Die Früchte dieser traditionell guten internationalen Zusammenarbeit können sich sehen lassen. Wie schon im ersten Kapitel ausgeführt, hat die konsequente Abwasserreinigung im Einzugsgebiet des Bodensees diesen wieder so sauber wie in den 1950er Jahren gemacht. Doch auch in den (grenzüberschreitenden) Fließgewässern im Einzugsgebiet des Sees ist der »chemische und biologische Zustand gut«. Zu diesem Schluss kam im Jahr 2005 eine Koordinationsgruppe, die sich mit der Umsetzung der europäischen Wasserrahmenrichtlinie am Alpenrhein und Bodensee befasste.

Sorge bereiteten – und bereiten immer noch – die »hydromorphologischen Beeinträchtigungen vieler Gewässer«, wie es in dem Bericht hieß. Im Klartext: die Zerstörung des natürlichen Gewässer- und Uferverlaufs sowie die Beeinträchtigung des natürlichen Abflusses durch den Bau und den Betrieb von Staubecken. Die Ursachen sind hinlänglich bekannt: die massiven Verbauungen zum Hochwasserschutz und die intensiven Nutzungen der Gewässer vor allem zur Stromerzeugung aus Wasserkraftwerken.

Hier anzusetzen wird eine wichtige Aufgabe der Zukunft sein. Ein besonderer Schwerpunkt ist zum einen die weitere Verbesserung der Situation in und an den Zuflüssen vor allem im Hinblick auf ihre Durchgängigkeit (siehe S. 102). Und am Bodensee selbst ist die Renaturierung der Ufer (siehe S. 126) eine wichtige Aufgabe zur Verbesserung der ökologischen Gesamtsituation.

Die Europäische Wasserrahmenrichtlinie

Im Dezember 2000 hat die EU die europaweit gültige Wasserrahmenrichtlinie erlassen (EU-WRRL). Das umfassende Regelwerk fordert eine intakte ökologische Qualität und schreibt damit eine ganzheitliche Betrachtung der europäischen Flusssysteme und Seen vor. Daher ist sie bestens geeignet, Naturschutz und Wasserwirtschaft miteinander zu verbinden. Die Umsetzung der Richtlinie bedeutet für die zuständigen Fachbehörden nicht nur einen erheblichen Arbeitsaufwand, sondern im Falle grenzüberschreitender Flüsse wie dem Rhein – und damit dem Bodensee – auch eine internationale Zusammenarbeit.

Die von der Richtlinie geforderten Bestandsaufnahmen wurden im Einzugsgebiet des Bodensees unter anderem in einer ganzen Reihe von Karten dokumentiert. Diese beschäftigen sich beispielsweise mit der chemisch-physikalischen Gewässergüte, aber auch mit den strukturellen Veränderungen der Ufer oder den Nutzungsformen, etwa der Trinkwassergewinnung. Im sogenannten Monitoring werden zum Beispiel die Biokomponenten Makrophyten, Benthos und Plankton sowie die Chemie untersucht. Auch Liechtenstein als EWR-Vertragsstaat und die Schweiz als Nicht-EU-Land arbeiten in den betreffenden Fachgruppen nach Kräften mit.

Anhang

Die Autoren

Klaus Zintz (Jahrgang 1955) ist in Stuttgart geboren und hat in Hohenheim Biologie und Journalistik studiert. Im Rahmen seiner Doktorarbeit über die Blitzenreuter Seenplatte in Oberschwaben hat er auch im Labor des Instituts für Seenforschung gearbeitet. Inzwischen ist er hauptberuflich Wissenschaftsredakteur bei der Stuttgarter Zeitung – seiner Leidenschaft, den Seen, ist er aber treu geblieben: Er schreibt regelmäßig über den Bodensee und leitet sowohl die seenkundliche als auch die Wasservogelexkursion des Zoologischen Instituts der Uni Hohenheim, die beide an den Bodensee führen.

Herbert Löffler (Jahrgang 1950) ist ebenfalls gebürtiger Schwabe, er hat in Tübingen Biologie studiert. Bereits für seine Doktorarbeit hat er am Bodensee geforscht, und zwar über die Biologie und Ökologie der im See lebenden Brachsen. Am Institut für Seenforschung ist er nicht nur für Fischökologie und die Öffentlichkeitsarbeit zuständig, sondern auch Leiter des Sachgebiets Hydrophysik und Sedimentologie.

Heinz Gerd Schröder (Jahrgang 1953) ist im Rheinland aufgewachsen. Als Geologe hat er zunächst im Rahmen seiner Doktorarbeit am Attersee im Salzkammergut geforscht und war dann in der Erdölindustrie weltweit tätig, bevor er nach Langenargen ans Institut für Seenforschung kam. Dort leitete er zunächst das Sachgebiet Hydrographie, bevor er – nach einer Interimszeit am Landratsamt Ravensburg – im Jahr 2003 die Leitung des Instituts für Seenforschung übernahm.

Klaus Zintz (links),
Herbert Löffler (Mitte) und
Gerd Schröder (rechts).

Weiterführende Literatur

Im vorliegenden Buch wurde wegen der besseren Lesbarkeit auf die direkte Nennung von Literaturzitaten verzichtet. Die folgende Liste soll vor allem Hinweise geben, wo weitere Informationen zu finden sind. Darüber hinaus findet sich eine kleine Auswahl von lesenswerten Publikationen, aus denen ebenfalls Daten und Informationen zu den Themen dieses Buches entnommen wurden.

Die Internationale Gewässerschutz-Kommission für den Bodensee (IGKB) ist die zentrale Anlaufstelle für wissenschaftliche Informationen und Maßnahmen zur Reinhaltung des Sees (www.igkb.org, mit zahlreichen Links zu weiteren wichtigen Organisationen und Informationsstellen rund um See). Seit Beginn ihres Bestehens gibt sie regelmäßig Berichte zu speziellen Themen heraus, die sogenannten »Blauen Berichte«. Diese stellen in der Regel die Zusammenfassung der Ergebnisse von speziellen Forschungsprojekten und Sonder-Messkampagnen dar. Bis zum Jahr 2009 sind 58 solcher Berichte veröffentlicht worden. Darüber hinaus werden Jahresberichte über den limnologischen Zustand des Sees herausgegeben, die »Grünen Berichte«.

Wichtige Zusammenfassungen aus jüngerer Zeit sind:

- IGKB: 40 Jahre Internationale Gewässerschutz-Kommission für den Bodensee. Eine Bilanz 1999.
- IGKB: Der Bodensee. Bilanz 2004: Zustand, Fakten, Perspektiven.
- IGKB: Bodensee-Richtlinien 2005.
- IGKB: Aktionsprogramm Bodensee 2004–2009. Schwerpunkt Ufer- und Flachwasserzone.

Ferner gibt die IGKB auch konkrete Empfehlungen heraus, so zum Beispiel:

- IGKB: Verbringung von Sedimenten aus Häfen und Schifffahrtsrinnen im Bodensee 2006.
- IGKB: Renaturierungs-Leitfaden Bodenseeufer 2009.

Eine weitere Publikation der IGKB, die sich an die breite Öffentlichkeit richtet, ist der Seespiegel. Diese sechsseitige Broschüre erscheint zweimal im Jahr. Sie findet sich auch im Internet: www.seespiegel.de mit Bezugsadressen und der Möglichkeit, den Seespiegel als Newsletter zu abonnieren.

Die Arbeiten der IGKB sind eng mit dem Institut für Seenforschung in Langenargen verbunden. Informationen über das zur baden-württembergischen Landesanstalt für Umwelt, Messungen und Naturschutz gehörende Institut und über den Bodensee finden sich unter www.lubw.baden-wuerttemberg.de/servlet/is/3514/.

Auch andere Organisationen geben regelmäßige Informationen und Schriften über den Bodensee heraus. Dazu gehören:

- Internationale Bevollmächtigtenkonferenz für die Bodenseefischerei IBKF,
- Internationale Bodenseekonferenz IBK (www.bodenseekonferenz.org),
- Internationale Schifffahrtskommission für den Bodensee ISKB,
- Internationale Rheinregulierung IRR (www.rheinregulierung.at) und Internationale Regierungskommission Alpenrhein IRKA (www.alpenrhein.net),
- Arbeitsgemeinschaft Wasserwerke Bodensee-Rhein AWBR (www.awbr.org),
- Bodensee-Wasserstandsinformationen (www.bodensee-hochwasser.info).

Darüber hinaus kümmern sich auch private Organisationen und spezielle biologische Arbeitsgemeinschaften um das Wohl und die Erforschung des Sees und gehen mit Informationen und Publikationen an die Öffentlichkeit, so zum Beispiel die

- Bodensee-Stiftung mit der Unterorganisation Living Lakes; www.bodensee-stiftung.org
- Arbeitsgruppe Bodenseeufer (AGBU); www.bodensee-ufer.de
- Ornithologische Arbeitsgemeinschaft Bodensee (OAB); www.bodensee-ornis.de.

Wichtige Forschungsprojekte, die sich über Jahre hinweg erstrecken, sind auch im Internet vertreten. Beispiele sind:

- BodenseeOnline, das Informationssystem zur Vorhersage der Hydrodynamik und der Wasserqualität in Seen; www.bodenseeonline.de
- ANEBO, das Projekt Aquatische Neozoen im Bodensee, ein Informationsnetz über neu in den Bodensee eingewanderte Arten; www.neozoen-bodensee.de
- FiReBo, das Projekt Fischfreundliche Renaturierungen am Bodensee; www.firebo.eu.

Die Universität Konstanz (www.uni-konstanz.de) führt insbesondere am Limnologischen Institut intensive Forschungsarbeiten über den See durch; dabei sind vor allem die umfangreichen Arbeiten zu erwähnen, die im Rahmen von Sonderforschungsbereichen durchgeführt werden. Dazu zählen:

- Sonderforschungsbereich 248 der Deutschen Forschungsgemeinschaft (DFG) »Stoffhaushalt des Bodensees«, veröffentlicht 1998 im

Archiv für Hydrobiologie, Issues Advanced Limnology Band 53; www.uni-konstanz.de/sfb248
• Der DFG-Sonderforschungsbereich 454 »Bodenseelitoral«; www.uni-konstanz.de/sfb454/

Forschungsarbeiten, die am Bodensee durchgeführt werden, erscheinen außer in den IGKB-Berichten auch in anderen Publikatonsreihen oder als gesonderte Publikationen. Beispiele aus jüngerer Zeit sind:
• KLIWA: Zum Einfluss des Klimas auf den Bodensee, KLIWA (Klimaveränderung in der Wasserwirtschaft) Bericht Nr. 11.
• LfU/BAFU/Wasserwirtschaft Vorarlberg (2007): Nachrechnung der Bodenseehochwasser Mai/Juni 1999 und August 2005; gemeinsame Publikation der Landesanstalt für Umwelt, Messungen und Naturschutz Baden-Württemberg, der Schweizerischen Eidgenossenschaft, Bundesamt für Umwelt, sowie der Wasserwirtschaft/Amt der Vorarlberger Landesregierung.
• Wasserwirtschaft (2008): BodenseeOnline. Ein Informationssystem zur Vorhersage der Hydrodynamik und der Wasserqualität in Seen. Schwerpunktheft Wasserwirtschaft 10/2008.

Außerdem hier eine Auswahl weiterer Publikationen:
• Archäologisches Landesmuseum (2000): Einbaum, Lastensegler, Dampfschiff. Frühe Schifffahrt in Südwestdeutschland. Almanach 5/6. Hrsg. vom Archäologischen Landesmuseum Baden-Württemberg. Theiss.
• Engelsing, Tobias (2002): Sprengt den Rheinfall von Schaffhausen! Wie das Land am Bodensee zu einem zweiten Ruhrgebiet werden sollte – ein bizarres Kapitel aus der Geschichte des unaufhaltsamen industriellen Fortschritts. Wochenzeitung »Die Zeit« vom 8. August 2002.

• Kiefer, Friedrich (1955, 1972): Naturkunde des Bodensees. Thorbecke Verlag. 1. Auflage 1955, 2. Auflage 1972.
• Steinert, Harald (1983): Das Wasserwunder von Konstanz. Bodensee-Hefte 4/83.
• Stadelmann, Pius (2007): Vierwaldstätter See. Lebensraum für Pflanzen, Tiere und Menschen. Brunner Verlag, Kriens/Luzern.
• Südwestdeutscher Wasserwirtschaftsverband (1953): Der Bodensee. Eine Denkschrift.
• Umweltministerium Baden-Württemberg (1994): Umweltprogramm Bodenseeraum (UBR).
• Vermessung Photogrammetrie Kulturtechnik (1989): Lebensraum Bodensee. Schwerpunktheft Bodensee der Zeitschrift »Vermessung Photogrammetrie Kulturtechnik« 1/89.

Bildnachweis

Berg: 100, 115 o re | Blattner: 150 | Bodensee-Wasserversorgung: 112 | Czarnetzki: 10 re, 31, 33, 39, 52, 56, 61 u, 74 | Dienst: 94 | Greenpeace/Schuetz: 145 | Grohe: 7, 30, 48 | Huber: 143 | Hydra: 34 re, 81 mi | IGKB: 17, 59 re, 127 o | ISF: 18, 21, 22, 23 re, 28 u, 29, 34 li, 35 o, 40, 44, 53, 54, 57, 61 o, 63, 66, 77, 78, 81 li/re, 83, 84, 87, 90, 95, 97, 101, 108, 114, 116, 120, 121, 126, 128, 132, 137, 138, 139, 145 o (KLIWA), 154 | Kümmerlin: 9 | Rey: 12, 140, 141, 149 | Petek: 38 li, 46, 72 | Schröder: 8, 38 re o | Seemeisterstelle Lindau: 132 | Archiv Seespiegel: 36 u, 104, 106 (Andreas Hafen), 123, 130 | Stiftung Historische Schifffahrt/Strickler: 28 o | Thorbecke: 43 | Wessels: 68 | WWA Kempten: 99 | Wittmann: 115 o | Zintz: 10 li, 14, 23 li, 25, 26, 32, 35 u, 36 o, 38 re u, 42, 50, 58, 59 li, 73, 75, 76, 88, 92, 93, 102, 103, 109, 110, 115 u re, 118, 119, 127 u, 134

Umschlagvorderseite: Petek (Luftbild)
Umschlagrückseite: IGKB/Ender/Stadt Bregenz (Bodensee-Vergissmeinnicht), mauritius images/Oxford Scientific (Singschwan), Zintz (Pfahlbauten)